JOHANNA BECK

MACH NEU,
WAS DICH KAPUTT MACHT

JOHANNA BECK

MACH NEU,
WAS DICH KAPUTT MACHT

Warum ich in die Kirche zurückkehre
und das Schweigen breche

FREIBURG · BASEL · WIEN

Für meinen Mann,
meine Kinder,
und meine Wegbegleiterinnen
und -begleiter

MIX
Papier aus verantwor-
tungsvollen Quellen
FSC® C014496

© Verlag Herder GmbH, Freiburg im Breisgau 2022
Alle Rechte vorbehalten
www.herder.de

Die Bibeltexte sind entnommen aus:
Die Bibel.
Die Heilige Schrift des Alten und Neuen Bundes.
Vollständige deutsche Ausgabe
© Verlag Herder, Freiburg im Breisgau 2005

AΩ
DIE BIBEL

Satz: Daniel Förster, Belgern
Herstellung: GGP Media GmbH, Pößneck

Printed in Germany

ISBN Print 978-3-451-38991-7
ISBN E-Book 978-3-451-82677-1

INHALT

TEIL 1

BLICK ZURÜCK

EINE SELTSAME FORM
VON STOCKHOLM-SYNDROM?

Liebe Schwester,

du hast doch bestimmt Erfahrung mit Zweifeln – und vielleicht einen Tipp für mich. Ich weiß nicht, was dir in der KPE so passiert ist. Aber für mich war all das der Hauptgrund, warum ich mich lange Zeit gegen die Kirche & Co entschieden habe. Dann hatte ich das Glück, dass ich in den letzten Jahren erfahren durfte, dass die Kirche auch für viel Gutes steht. Und dann kommen so Tage wie heute, an denen der Skandal in Amerika durch die Presse geht, und das, von dem ich dachte, es hätte das Negative positiv überschrieben, fällt ein bisschen in sich zusammen und alles lässt mich vor allem mit Wut zurück. Und in ganz dunklen Momenten frage ich mich, ob meine Rückkehr zur katholischen Kirche eine seltsame Form von Stockholm-Syndrom ist …

Diese Mail habe ich Ende August 2018 aus dem Italienurlaub an eine meiner Schwestern geschrieben. An dem Tag, an dem mich meine Missbrauchs-Vergangenheit, die ich für mehr als zwanzig Jahre verdrängt hatte, schlagartig eingeholt und mein Leben völlig aus der Bahn geworfen hat – gerade in dem Moment, in dem ich wieder meinen Platz in der Kirche gefunden zu haben glaubte.

Mein Weg mit der katholischen Kirche ist ein gewundener und ein verschlungener. Er hat mich einmal in die Abgründe der katholischen Kirche hinein- und wieder aus ihnen herausgeführt.

Er hat für mich die Kirche von einem Heils- zu einem Unheilsort werden lassen, mich aus einer für mich kontaminierten Kirche fliehen lassen und mich in eine spirituelle Unbehaustheit vertrieben. Er hat mich auf rätselhafte Weise wieder in die Kirche zurückgeführt und mich kurz darauf erneut mit den katholischen Abgründen konfrontiert. Aber trotz allem habe ich mich vorerst dafür entschieden, zu bleiben, meinen Kirchen-Weg weiterzugehen und mit meiner Vergangenheit im Gepäck von innen heraus für Missbrauchsaufarbeitung, Kirchenreformen und Geschlechtergerechtigkeit zu kämpfen. Von diesem Weg möchte ich im Folgenden erzählen und dabei nicht nur zurück, sondern auch nach vorn blicken.

Was dich kaputt macht ...

Auf der einen Seite will ich in meinem Buch jene dunklen Seiten der katholischen Kirche beleuchten, denen ich als Kind und Jugendliche ausgesetzt war, die mich nachhaltig traumatisiert und mich geradezu kaputt gemacht haben. Ich berichte von diesem Teil meiner Vergangenheit, weil ich exemplarisch aufzeigen möchte, welche Formen sexueller und geistlicher Missbrauch haben und welche seelischen, körperlichen und auch spirituellen Folgen er nach sich ziehen kann. Und ich erzähle meine Geschichte, weil ich so vielleicht auch anderen Betroffenen zeigen kann, dass sie mit diesen schmerzvollen Erfahrungen nicht allein sind – denn wir sind viele und gemeinsam sind wir stärker!

... mach neu

Auf der anderen Seite will ich aber nicht beim Blick in die Abgründe der katholischen Kirche stehenbleiben, sondern auch einen Blick nach vorn richten. Ich will anhand dessen, was mich kaputt gemacht hat, zeigen, was sich in der Kirche ändern und was neu gemacht werden muss – denn es kann, ja darf kein katholisches »Weiter so« geben! Die Kirche *muss* ihre Missbrauchsabgründe lückenlos beleuchten, sie grundlegend aufarbeiten und den Betroffenen endlich Gerechtigkeit widerfahren lassen. Sie *muss* ihre missbrauchsbegünstigenden Machtstrukturen reformieren, ihre Sexualmoral neu buchstabieren und endlich Geschlechtergerechtigkeit herstellen. Geschieht das nicht, dann riskiert sie zum einen grob fahrlässig ein Andauern der Missbrauchsgeschehen und zum anderen widerspricht sie damit eklatant ihrer eigenen Botschaft und beraubt sich so auf Dauer ihrer eigenen Glaubwürdigkeit und Zukunft.

Natürlich ist meine Entscheidung für das »Mach neu, was dich kaputt macht« nicht repräsentativ. Es gibt auch sehr viele Betroffene, die sich – verständlicherweise! – von der Kirche abgewandt haben oder ihr absolut unversöhnlich gegenüberstehen.

Auch ich muss mich immer wieder fragen, ob ich angesichts meiner Vergangenheit meinen Kirchenweg weitergehen kann oder ob es sich hierbei nicht vielmehr um »eine seltsame Form von Stockholm-Syndrom« handelt. Aber ich will bis auf Weiteres den Weg des »Mach neu, was dich kaputt macht« weitergehen: Weil diese Kirche jetzt auch wieder die *meine* ist und ich sie nicht einfach kampflos aufgeben, sondern alles in meiner Macht Stehende tun will, um etwas zu verändern. Weil ich dort auch viele wunderbare, tröstende und ermutigende Menschen kennenlernen durfte. Weil es die Frohe Botschaft von Glaube, Hoffnung, Liebe und Gerechtigkeit sowie der besonderen Zuwendung zu den Verwundeten gibt und ich sie nicht den Menschen, die das Evangelium verdunkeln, überlassen will. Und weil ich ohne meinen Glauben die letzten drei Jahre vermutlich nicht überstanden hätte.

VON SCHLECHTEN MÄCHTEN

Es ist Winter. Vor dem Fenster zieht Nebel auf, es wird langsam dunkel. Hier drinnen, im Versammlungsraum unseres Pfadfinderstammes, ist es trotz der vielen Menschen kühl und es riecht leicht muffig nach Heizungsluft. An der Wand hängt ein großes Kruzifix. Ich sitze zusammengekauert auf einem der Stühle und lausche angstvoll gebannt dem mitreißenden Vortrag von Pater Hönisch, dem allseits verehrten Gründer der Katholischen Pfadfinderschaft Europas (KPE). Über dreißig Jahre später werde ich bei meinen Recherchen auf eine 1989 in der Zeitschrift »Pfadfinder Mariens« abgedruckte Rede von Pater Hönisch stoßen, deren Wortlaut mit meinen Erinnerungen an seinen damaligen Vortrag weitestgehend übereinstimmt:

> *Eine Reinigung steht bevor. Vieles deutet darauf hin, dass Gott uns durch eine Anhäufung von Katastrophen vorbereiten will auf die große Reinigung der Menschheit. Diese Reinigung würde wohl sehr wehtun; aber sie würde dazu dienen, die Menschen wieder zu Gott zurückzuführen. Alle Leiden und Strafen, soweit sie von Gott verhängt werden, haben immer die Besserung des Täters zum Ziel. (…) Viele von uns [ahnen], dass die schmerzvolle Reinigung, die unserem vermessenen Streben nach Fortschritt und unserem Glaubensabfall ein vorübergehendes Ende setzen würde, kurz vor der Tür steht. Umso wichtiger ist es, in der Gnade Gottes zu leben und die von Gott uns angebotenen Hilfsmittel auszunützen! (…) Ich denke vor allem an den regelmäßigen würdigen Empfang der Sakramente, besonders der*

wenigstens monatlichen Heiligen Beichte und der häufigen
Heiligen Kommunion, verbunden mit der Mitfeier der Hei-
ligen Messe. (…) Ich denke weiter an die täglichen Gebete,
vor allem an den Rosenkranz (…); eine geweihte Kerze vor
dem Kreuz und dem Muttergottesbild zu Hause. (…) [Es ist]
klar, dass wir in einem gigantischen, ja gerade apokalyptisch
anmutenden Kampf stehen. Es ist der Kampf, den der Teufel
um jede einzelne Seele führt, um sie vom Himmel fernzu-
halten, um den er den Menschen beneidet. (…) Der in der
Gottlosigkeit verharrende Mensch wird zum ›Freund‹ Satans
und verfällt ihm immer mehr. (…) In der Ablehnung Gottes
sind sich Satan und die gefallenen Engeldämonen mit den
gottlosen Menschen einig …[1]

Als ich Pater Hönisch in dieser Art und Weise reden höre, bin ich
etwa sechs Jahre alt. Gerade habe ich mir aus Versehen heißen
Tee über mein Bein geschüttet, aber ich bin so verstört von Pater Hönischs Worten, dass ich die Schmerzen kaum spüre. Um
mich herum sitzen zumeist Erwachsene in Pfadfinderkluft, die
dem Vortrag wie gebannt folgen. Manchmal bekreuzigt sich jemand. Nach einer Stunde ist der Vortrag endlich vorbei, es wird
noch etwas gesungen und gebetet, dann werden wir in die Nacht
entlassen.

Wie benommen laufe ich auf dem Heimweg hinter meiner
Mutter her. In dieser Nacht werde ich, wie so oft nach den Predigten und Vorträgen von Pater Hönisch, lange wachliegen. Ich
habe Angst, dass ich mich an diesem Tag auf irgendeine Weise
versündigt haben könnte und dafür von Gott umgehend mit einer Krankheit oder gar mit dem Tod bestraft werde. Ich habe
Angst, dass ich einschlafen könnte, bevor ich mein obligatori-
sches Abendgebet zu Ende gesprochen habe und somit dem Teufel Tür und Tor öffne. Und vor allem habe ich furchtbare Angst
vor dem großen »Endkampf« zwischen Gut und Böse, zwischen

Gott und Satan, der offenbar unmittelbar bevorsteht und den nur diejenigen überstehen, die ein völlig sündenfreies Leben geführt haben. Irgendwann nicke ich ein – und werde sofort von Albträumen gequält.

Geformt und rein

Im Jahre 1976 wurde die KPE von Pater Hönisch, einem ehemaligen Jesuiten, der kurze Zeit später aus diesem Orden ausgeschlossen wurde, und Günther Walter, einem Lehrer, gegründet. Dass in anderen Pfadfinderverbänden die Gruppen nun selbstverständlich von Jungen und Mädchen gemeinsam besucht wurden, war den Gründern ein besonderer Dorn im Auge und für sie ein klares Zeichen für den vermeintlich grassierenden Werteverfall. Die neu gegründete KPE verstand sich als besonders linientreues katholisches Bollwerk gegen die anderen »lau-katholischen« Pfadfinderverbände, gegen die durch die Kirchenreformen des Zweiten Vatikanischen Konzils vermeintlich aufgeweichte und verweltlichte katholische Kirche und gegen die sündige, heidnische und vom Satan umworbene Welt da draußen.[2] Die KPE trat als äußerst lehramts- und papsttreu auf, verteidigte flammend die katholische Sexualmoral, positionierte sich deutlich gegen Abtreibung und Verhütung, pflegte eine Vorliebe für den alten Ritus, hatte viele Priester- und Ordensberufungen sowie Vorzeigefamilien mit vielen Kindern vorzuweisen, konnte bei Weltjugendtagen und Papstaudienzen mit streng uniformierten und enthusiastisch jubelnden Jugendlichen aufwarten und gewann so schnell einige finanzstarke Unterstützer, schützende Bischofshände[3] und vor allem mächtige Freunde im Vatikan.

»Das Pfadfindertum ist eine Erziehungsmethode«[4], heißt es bis heute im Grundsatzprogramm der KPE. Praktisch bedeutet das: Mit Elementen aus dem Pfadfindertum und der Verheißung von Abenteuer und Naturnähe versucht man Kinder und Jugendliche für sich zu gewinnen, um sie auf diese Weise so früh wie möglich an die Ideologie der KPE heranzuführen. So sollen sie dementsprechend »geformt« werden, wie im Grundsatzprogramm erläutert wird. In den Zeltlagern, bei den Kursen, den Exerzitien, den Wallfahrten und bei anderen Veranstaltungen der Organisation herrschte zu meiner Zeit eine Kombination aus militärischem Drill und strengen religiösen Verpflichtungen vor, wie z. B. diesem Tagesplan eines Gildenführerinnen-Kurses, den ich damals in mein Kursheft notiert habe, zu entnehmen ist:

Auch die Kleidung ist strikt geregelt und die Einhaltung der Kleiderordnung wird streng angemahnt.[5] Mädchen und Frauen müssen auch auf Wanderungen und bei anderen sportlichen Aktivitäten zu allen Jahreszeiten Halstuch, Barett, Kniestrümpfe und dunkle, lange (!) Röcke tragen, die weit über die Knie reichen. Das Klufthemd der Mädchen und Frauen ist aus dickem Stoff und bewusst weit geschnitten. Wenn man vergisst, den obersten Knopf seiner Bluse zu schließen, wird man angehalten, diesen umgehend zuzuknöpfen, denn »sonst bekommst du eine Lungenentzündung«.

Master Mind und geistlicher »Guru« der KPE war bis zu seinem Tod im Jahr 2008 der aufgrund seines Charismas und seiner mitreißenden Rhetorik allseits hochverehrte Gründer Pater Hönisch, der in den 1990er Jahren in mehreren deutschen Diözesen Predigtverbot hatte.[6] Wenn ich heute seine Texte von damals lese, dann wird mir klar, dass der KPE-Gründer seine eigene Stimme an die Stelle der Stimme Gottes setzte und seine eigenen ideologischen Überzeugungen als geradezu dogmatisch verkündete. So prägte und predigte er das aus meiner Sicht fundamentalistische KPE-Weltbild: Über allem throne ein strafender Gott, der die Menschen für ihre Sünden und den Abfall vom wahren Glauben mit Krankheit, Katastrophen oder gar dem Tod sanktioniere. Zum einen wird die Drohkulisse eines nahenden apokalyptischen Endkampfes zwischen Gut und Böse aufgebaut, zum anderen wurde als Antwort darauf ein einzig wahrer Weg, dem Strafgericht zu entkommen, aufgezeigt: ein völlig sündenfreies, Heiligkeit anstrebendes Leben, tägliche Messe, täglicher Rosenkranz und diverse andere Pflicht-Gebete, regelmäßige Beichte, extreme Marienverehrung sowie ein keusches Leben.

Generell herrschte zu meiner Zeit innerhalb des KPE-Orbits ein starkes Schwarz-Weiß-Denken.[7] Ich erinnere mich daran, dass die Welt außerhalb der KPE als böse, heidnisch, moralisch verkommen, übersexualisiert, vom Satan durchdrungen und somit dem Untergang geweiht – und die Welt innerhalb des KPE-Orbits als rein, moralisch überlegen, rechtgläubig und heil dargestellt wurde. Von dieser bösen Außenwelt galt es sich abzusondern oder noch besser diese als Märtyrer wider den Zeitgeist aktiv zu bekämpfen.

»Das Pfadfindertum will einen gläubigen Menschen, einen Sohn der Kirche bilden«[8], formulierten die Gründer 1976 ihr Ziel. Und so lerne ich die KPE als einen Ort kennen, in dem eine neue katholische, Heiligkeit anstrebende Elite geschaffen werden soll. Die erwachsenen Mitglieder sollten am besten entweder ein anderes KPE-Mitglied heiraten und so eine umfangreiche und linientreue Familie gründen, oder – noch besser – Priester oder Ordensmensch werden. So wurde in einem Rückblick zum 30. Jubiläum der KPE 2007 stolz verkündet:»Gute Früchte – guter Baum‹: Ergebnisse der KPE nach 30 J. Bestehen in D mit etwa 2.500 Mitgliedern: 101 Pfadfinder-Ehepaare (2 Eheleute Pfadfinder), keine Scheidung, über 400 Kinder, 64 Priester/Patres und 91 Ordensfrauen!«[9]

Für die aus der KPE-Arbeit hervorgehenden Priester und Ordensleute gründete Pater Hönisch 1988 sogar einen eigenen Orden: die *Servi Jesu et Mariae* (SJM).

Die KPE und die SJM stießen innerhalb der katholischen Kirche sowohl auf Unterstützung als auch auf Kritik: Während Kardinal Meisner sich »sehr dankbar« für die Jugendpastoral der KPE zeigte, die seiner Meinung nach von »einer engen Verbundenheit mit Jesus Christus und einer treuen Liebe zur Gottesmutter«[10] getragen sei und Kardinal Joseph Ratzinger kurz vor seiner Wahl zum Papst noch die Unterstützung der KPE empfahl und schrieb:»die Jugendarbeit der KPE ist im Ganzen durchaus positiv einzuschätzen und gibt vielen jungen Menschen eine solide Grundlage für ihren Weg im Leben«,[11] bezeichneten kritische Stimmen die KPE als sektenartig: 2000 warnte die Arbeitsstelle für Jugendseelsorge der Deutschen Bischofskonferenz: »Orden und Pfandfinderschaft tragen Merkmale einer Sekte.«[12] 2004 distanzierte sich die DBK erneut von der KPE[13] und betonte, die KPE sei kein »offiziell anerkannter Jugendverband innerhalb der katholischen Kirche auf Bundesebene«[14]. Ende Januar 2022 wurde bekannt, dass die DBK die KPE nun offiziell als privaten kanonischen Verband anerkannt hat – doch dazu in Teil 2 mehr.

Vonseiten der KPE und der SJM gab es nachweislich enge Verbindungen zum Engelwerk (*Opus Angelorum*), das auf den Privatoffenbarungen von Gabriele Bitterlich beruht und mit einem toxischen und hochmanipulativen Konglomerat an Engeln, Dämonen und Höllenstrafen aufwartet: »Kern des Glaubens: Jeder Mensch hat einen Schutzengel und einen satanistischen Gegenspieler, wir leben in einer Zeit des apokalyptischen Kampfes zwischen Engeln und Dämonen. Durch regelmäßige Exorzismusgebete und Sühne sollen die Dämonen vertrieben werden.«[15], fasste eine SPIEGEL-Recherche 2009 zusammen.

Das Engelwerk wird von vielen Seiten als sektenartige Gruppierung eingestuft.[16] So betonte der Historiker Wolfgang Benz 2020, das *Opus Angelorum* trage »den Charakter einer Sekte, ist als Geheimbund strukturiert und wirkt im Spannungsfeld von Argwohn und Duldung, das ihr Verhältnis zu Rom charakterisiert.«[17] In er katholischen Kirche stießen in der Vergangenheit v. a. die Sonderlehren auf Kritik: »Wegen der weder der Schrift noch der Tradition entspr. Engellehren u. daraus erwachsener Mißbräuche« wurden 1992 zumindest offiziell die »Verwendung u. Verbreitung der Sonderlehren über die Engel (einschließlich der entspr. Schriften), Engelweihen u. Fernspendung v. Sakramenten u. a. verboten«[18], informiert das »Lexikon für Theologie und Kirche«. Der Orden von Heiligen Kreuz durfte jedoch weiter bestehen. 2008 wurden die erneuerten Engelwerks-Statuten von Papst Benedikt anerkannt.[19]

KPE-Gründer Pater Hönisch hatte in den 80er und 90er Jahren wiederholt das Engelwerk empfohlen[20] und »nach eigenen Angaben viele Jugendliche, die Priester werden wollten, zum Engelwerk geschickt.«[21] Zudem war einer der KPE-Lagerkuraten, die als geistliche Leiter die Zeltlager begleiteten, in den 1980er Jahren Donate im Kreuzorden.[22] Andere prominente Engelwerkler durften in den KPE-Medien[23] und auf KPE-Veranstaltungen[24] für ihre Gruppierung werben und deren abstruse Weltsichten verbreiten.

Drastische Schilderungen von Höllenstrafen,[25] ständiges Drohen mit dem Fegefeuer, ein auf Außenstehende völlig abstrus wirkendes Konglomerat an Engeln und Dämonen, ständige Aufforderung zum Beichten, Anpreisen von Ablässen und Propagieren des Schutzengelversprechens – die kritischen Stimmen und Berichte decken sich mit meinen negativen, ja traumatisierenden Erfahrungen mit der KPE und den Vertretern der SJM und ich bin der festen Überzeugung, dass Pater Hönisch mit der KPE eine hochproblematische bis gefährliche fundamentalistische und sektenartige Gruppierung gründete, in der ich massivem geistlichem Missbrauch ausgesetzt war. Ich kann also gar nicht genug davor warnen.

»Der Wölfling ist immer froh«

Ich bin nicht freiwillig in die KPE eingetreten. Ich bin in sie hineingeboren worden. Im Bauch meiner Mutter, die an unserem Ort Stammesleiterin war, nehme ich an meinem ersten KPE-Zeltlager teil, ich sauge die Reden und Gebete im wahrsten Sinne des Wortes mit der Muttermilch auf und werde schon als kleines Kind auf sämtliche Veranstaltungen, Versammlungen, Kurse, Wallfahrten, Gottesdienste usw. mitgeschleppt. Aber nicht nur ich, sondern auch meine Geschwister wachsen im *Inner Circle* dieser Gruppierung auf, weshalb für uns die KPE nicht nach den Gruppenstunden und Zeltlagern endet, sondern viele unserer Lebensbereiche durchdringt und kontaminiert. Nur mein Vater, der im liberalen und offenen Orbit der Würzburger Augustinerkirche aufgewachsen ist und der der KPE kritisch gegenübersteht, bildet ein kleines – aber leider nicht durchsetzungsstarkes – Gegengewicht. Er wird dennoch in mir einen der kleinen Samen pflanzen, aus denen mein heutiges Verständnis von Kirche und Glaube erwachsen ist.

Als ich pünktlich zu meinem befreienden Auszug von zu Hause meinen Mann kennenlerne und ihm zum ersten Mal Fotos aus meiner KPE-Kindheit zeige – ordentlich aufgereihte, fahnenschwenkende KPElerinnen bei einer Wallfahrt, ich als Kleinkind in Kluft gekleidet neben Pater Hönisch, Pfadfinderinnen andächtig vor einem SJM-Pater kniend –, lautet sein erster, entgeisterter Kommentar: »Das sieht aus wie eine Sekte!« Es ist das erste Mal, dass ich ihm zumindest in groben Zügen von der KPE berichte. Ich bemerke aber schnell, dass es unglaublich schwierig ist, jemandem Außenstehenden dieses hochproblematische Setting angemessen und verständlich zu schildern, und außerdem will ich zu diesem Zeitpunkt all das eigentlich nur noch vergessen.

Von mir wird berichtet, dass ich mein Umfeld schon als kleines Kind mit theologischen Fragen gelöchert habe, gerne in der Kinderbibel gelesen und mich mit Gott »unterhalten« habe. Aber meine zaghaften Herantastversuche an den Glauben und an Gott werden von den schon früh stattfindenden KPE-Indoktrinationen jäh unterbrochen – und Schritt für Schritt zerstört.

An die Stelle eines erahnten göttlichen Gegenübers, mit dem man in eine freundschaftliche Beziehung treten kann, tritt im Laufe meiner Kindheit ein herrschaftlicher, ferner und strafender Gott, zu dem man angstvoll aufschauen muss, der streng über die Einhaltung der Gebete wacht, der einen selbst bei kleineren Vergehen (oder vielleicht sogar aus Willkür) zumindest ins Fegefeuer, wenn nicht sogar in die Hölle schicken kann. Ein Gott, der ständig fordert und dem man doch nie genügen kann. An die Stelle der Bibelgeschichten von Jesus und seinen Jüngerinnen und Jünger treten apokalyptische Szenerien. An die Stelle eines kindlichen Herantastens an die eigene Spiritualität tritt ein erzwungenes und drillartiges Gemisch aus stundenlangen Gottesdiensten (oft im sogenannten tridentinischen Ritus auf Latein), ständigen Rosenkränzen, Gebetszwang und nächtlicher Anbetungen. Ich werde verlernen, wie Glaube jenseits dieser Indoktrination noch gelebt und wie Gott noch gedacht werden kann – und werde es zum Glück in dem Moment wiederentdecken, in dem ich es am dringendsten brauche.

Kurze Zeit nach dem eingangs geschilderten Abend mit Pater Hönisch werde ich sechs Jahre alt und darf nun endlich zu den Wölflingen, der Pfadfinderstufe für die Sechs- bis Zwölfjährigen, gehen. Jetzt bin ich nicht mehr nur Begleitung meiner Mutter, sondern darf allein in die Gruppenstunden gehen. Die Wöflingsmeuten sollen für die Kinder wie eine »glückliche Familie« sein, wie es in der Bundesordnung heißt.[26] Mir gefallen die Spiele mit den anderen Mädchen, das Basteln und die kleinen Zeltlager. Was mir allerdings gar nicht gefällt, ist die Gebetspflicht und die wiederholten Vorträge über Maria, über Sünde, Fegefeuer und Hölle, über Heilige und Märtyrer und darüber, dass wir selbst eines Tages Heilige werden sollen. Einen kleinen Einblick in dieses, uns Kindern aufoktroyierte Gedankengut bildet dieser Ausschnitt aus der Kinderseite der KPE-Zeitung *Die Spur* aus dem Jahr 1994:

Lieber Wölfling,

Gott hat uns dem Herzen Mariens anvertraut, damit sie sich in mütterlicher Sorge um uns müht und wir, von ihrer Liebe angezogen, lernen, auf sie zu schauen. (…) In Maria hat uns Gott zugleich das beste Vorbild und die beste Hilfe gegeben. Denn da Maria ohne Fehl und Makel ist, können wir nichts falsch machen, wenn wir ihr nacheifern. (…) Hinzukommt, dass sie unsere größte und mächtigste Fürsprecherin bei Gott ist. Du siehst also, dass es sich lohnt, auf Maria zu schauen und dass wir eigentlich nichts Besseres tun können, als sie

zu unserem Vorbild zu nehmen. Wenn wir Maria wirklich
nacheifern wollen, um Gott möglichst vollkommen zu lieben,
um eine Heilige oder ein Heiliger zu werden, um Gott zu
helfen, viele Seelen für den Himmel zu retten, dann müssen
wir uns eifrig bemühen, uns zum Besseren zu ändern. Denn
nur so können wir ihr ähnlich werden.[27]

Wenn ich diesen Text heute lese, halte ich ihn nicht nur für aus theologischer Sicht äußerst fragwürdig, sondern schlichtweg für geistlichen Missbrauch an Kindern. Besonders verheerend finde ich dabei das unerreichbare Ideal eines verzerrten Marienbildes und den damit einhergehenden Druck, ihr und den anderen Heiligen gleich werden zu müssen, wodurch das permanente Gefühl des Scheiterns und der eigenen Schuld schon vorprogrammiert ist.

Natürlich bin ich auch als Wölfling bei diversen Gelegenheiten den stundenlangen, donnernden Predigten und Vorträgen von Pater Hönisch ausgesetzt, die sich immer und immer wieder um Hölle, Sünde, eine drohende Apokalypse, die moralisch verkommene Welt und – nicht zu vergessen – um möglichst blutige und drastische Legenden von Heiligen drehen und denen Jung und Alt gebannt folgen. Ich beobachte sogar KPElerinnen, die während seiner Predigten ehrfurchtsvoll niederknien. Warum also sollte ich diesen Reden von Pater Hönisch, die mich regelmäßig in Angst und Schrecken versetzen und mich um den Schlaf bringen, nicht Glauben schenken? Scheint er doch besonders gut über den Willen Gottes Bescheid zu wissen und viele um mich herum verehren ihn wie einen lebenden Heiligen. Er muss wohl recht haben. Statt mich zu ängstigen, sollte ich lieber »immer froh«[28] sein, wie es Wölflingen von der Bundesverordnung aufgetragen wird.

So dominiert und durchdringt eine Theologie, die ich heute als zutiefst toxisch betrachte, über Jahre hinweg meine Erfahrungen, die ich mit Gott, Glaube, Gewissen, Gut und Böse mache.

Bis zu einem Moment, der sich mir bis heute ins Bewusstsein eingebrannt hat, in dem ich das erste Mal zu zweifeln beginne, in dem ich ein Gefühl kennenlerne, das in den nächsten Jahren stärker werden und sich schließlich bestätigen soll: Hier stimmt etwas nicht!

Ich bin acht Jahre alt. Wieder ist Pater Hönisch zu Besuch in unserem Stamm und wieder hält er uns einen seiner stundenlangen feurigen Vorträge. Ich erinnere mich noch gut daran, wie er am Ende seiner Rede auf das »Heilige Haus von Loreto« zu sprechen kam. Mit drastischen Worten schilderte er, wie die feindlichen Muslime im 13. Jahrhundert Jerusalem einnahmen und wie mitten im Schlachtgetümmel eine Schar Engel angeflogen kam und das Geburtshaus der Heiligen Maria nach Europa trug und es so vor den gegnerischen Truppen rettete. Er betonte, dass es sich genau so zugetragen habe und dass er es genau vor sich sehe, wie die Engel das Haus in ihre Hände nahmen, anhoben und durch die Luft nach Italien beförderten.

Ich sitze da, lausche den Worten von Pater Hönisch und in mir regt sich Widerstand: »Nein! Das glaube ich einfach nicht! Das *kann* ich nicht glauben!«, aber meine Sitznachbarinnen sitzen staunend da und nicken begeistert. Es ist das erste Mal, dass ich ihn wahrnehme, meinen inneren Kompass. Dieser Kompass wird für mich von da an Segen und Rettung, aber auch ein wenig Fluch sein. Er wird dafür sorgen, dass ich schon früh beginne, die mir aufoktroyierten Denkmuster zu hinterfragen und schließlich sogar aus Überzeugung abzulehnen, und er bewahrt mich so vor einem ideologischen Eingefangenwerden. Gleichzeitig bringt er mich über die Jahre zunehmend in heftige Konflikte mit den KPE-Leiterinnen und -Leitern und auch mit meiner Mutter, die meine Kritik und Ablehnung der Gruppenstunden mit meiner »glücklichen Familie«, der Wölflingsmeute, nicht gelten lässt. Erst als ältere Pfadfinderin werde ich feststellen, dass auch einige andere KPElerinnen den Indoktrinationen und dem religiösen Drill durchaus kritisch gegenüberstehen.

Besonders verheerend wirkt sich für mich aber die Tatsache aus, dass ich – insbesondere auch durch die späteren Erlebnisse mit Pater Dietmar – zwar oft das Gefühl habe, dass hier etwas falsch läuft, mir aber vonseiten der KPE-Oberen ständig suggeriert wird, all das sei völlig normal – oder mehr noch: das einzig Wahre und Gute –, und so musste wohl etwas mit meiner Wahrnehmung nicht stimmen. All das unterminiert auf die Dauer massiv mein Selbstvertrauen. Und wenn es überhaupt etwas in meinem Aufarbeitungsprozess gibt, das mir heute so etwas wie Genugtuung verschafft, dann die Erkenntnis und die Bestätigung, dass mein innerer Kompass richtig lag, dass meine Wahrnehmung mich nicht getrogen hat, dass hier etwas gehörig falsch lief.

»Die Pfadfinderin ist rein in Gedanken, Worten und Werken«

Als Elfjährige trete ich zu den Pfadfinderinnen über. Zu meinen Gesetzen zählen jetzt »Die Pfadfinderin ist rein in Gedanken, Worten und Werken« und »Die Pfadfinderin beherrscht sich, sie lacht und singt in Schwierigkeiten.«[29] Ich darf direkt an einem großen internationalen Sommerlager in der Nähe von Rom teilnehmen. Den offiziellen Höhepunkt dieses Zeltlagers bildet eine Privataudienz bei Papst Johannes Paul II. Schon Tage vorher ist von nichts anderem mehr die Rede. Wir müssen diverse Lieder, darunter auch ein polnisches Kirchenlied, für den Papst auswendig lernen, werden angewiesen, bei der Audienz begeistert zu jubeln und die Halstücher zu schwenken. Vor allem bekommen wir immer wieder enthusiastisch angekündigt, dass wir in der Person des Papstes einen lebendigen Heiligen zu sehen bekommen werden. Am Tag der Audienz werden wir in Sonderzügen nach Rom gebracht. Unterwegs herrscht bereits eine begeisterte Grundstimmung vor, es wird laut gesungen und natürlich der Rosenkranz gebetet und unsere Kluft wird von den Leiterinnen noch einmal auf Ordnung und Sauberkeit hin überprüft.

Kurze Zeit später stehe ich staunend vor dem Petersdom, aber die Zeit drängt, wir müssen hinein und dann geht es auch schon los: Wir beginnen mit dem ersten einstudierten Lied, als Johannes Paul II., zu diesem Zeitpunkt bereits ein gebeugter, greiser Mann, die heiligen Hallen betritt – und alle um mich herum rasten förmlich aus: Es wird gejubelt, gekreischt, sich bekreuzigt, ein paar Pfadfinderinnen aus unserer Reisegruppe fallen bei seinem Anblick sogar in Ohnmacht. Ich empfinde diese ganze Szenerie jedoch überhaupt nicht als erhebend oder beeindruckend, sondern vielmehr als hochgradig verstörend und wieder einmal habe ich das Gefühl, dass hier irgendetwas gehörig falsch läuft. Den krönenden Abschluss der Audienz bildet das polnische Lied, das wir extra für den Papst gelernt haben und das wir ihm – wie angewiesen – auf den Stühlen stehend, begeistert jubelnd und Halstücher schwenkend vortragen. Er lächelt und winkt schwach. Noch am nächsten Tag wird eine junge Frau aus unserer Gruppe beim Gedanken an den Papstbesuch verzückt-weinend zusammenbrechen.

Während meiner Pfadfinderinnenzeit tritt auch Pater Dietmar in mein Leben. Pater Dietmar heißt eigentlich anders, aber ich habe beschlossen, ihm hier diesen Namen zu geben: weil es mir nicht um einen persönlichen Rachefeldzug geht, aber auch, weil ich kein Einzelfall bin, weil es viele dieser »Pater Dietmars« gibt und weil er – wie so häufig bei Missbrauch im katholischen Kontext – in ein kirchliches Macht- und Denksystem eingebettet war, das ihm den Missbrauch erleichterte oder sogar erst ermöglichte.

Ich finde Pater Dietmar von Anfang an unangenehm – seine massige Gestalt, seine speckigen schwarzen Cordhosen, sein durchdringender Blick. Er gibt sich locker-jovial, neigt zu schmierigen Witzchen (die von seinen weiblichen Anhängerinnen mit leicht hysterischem Gelächter belohnt werden) und mir fällt genau ein Wort für ihn ein: »Urgh!« Ich gehe davon aus, dass ich ihm schon früher von fern gesehen habe, aber bewusst nehme ich ihn erst als Pfadfinderin wahr.

Auf unseren Pfadfinderinnen-Zeltlagern ist Pater Dietmar überall: Er übernachtet mit uns auf dem Zeltplatz, er begleitet uns bei unseren Freizeitaktivitäten, wir müssen ihn zum Essen in unsere Essecke einladen, er hält Gottesdienste und sonstige Gebetseinheiten mit uns ab, traktiert uns mit seinen stundenlangen Auslassungen zu seinem Lieblingsthema »Die Reinheit und Keuschheit« und natürlich müssen wir auch bei ihm ausführlichst beichten gehen. Diese Beichten finden jedoch nie (!) in einem trennenden Beichtstuhl, sondern entweder im Wald, unseren Gruppenquartieren oder anderen uneinsehbaren Räumen statt.

Aber neben Pater Dietmars leutselig-lustiger Seite erahne ich schnell noch eine andere Seite, die immer wieder bei ihm aufblitzt: Da ist etwas Dunkles, Lauerndes, Fanatisches an ihm und etwas, das ich heute wohl am treffendsten mit »machtgeil« beschreiben würde. Es kommt zum Vorschein, wenn er sich über Themen wie Sünden und Höllenstrafen, Engel und Dämonen, die reine und gehorsame »Muuuutter Maria« auf der einen und die sündige und verführerische Frau auf der anderen Seite in Rage redet. Es bricht durch, wenn er sich stundenlang über sein Lieblingsthema »Die Reinheit und Keuschheit« auslässt, denn seiner Meinung nach sei die Sünde gegen die Keuschheit das Einfallstor für alle Todsünden. Es zeigt sich, wenn man als Mädchen kritische Fragen stellt, wenn man aufmuckt und widerspenstig ist. Und all das kommt besonders zum Vorschein, wenn man mit ihm alleine, seiner Übermacht völlig ausgeliefert ist und er die Angst seines Gegenübers spürt.

Zwischen meinem zwölften und meinem sechzehnten Lebensjahr wird aus meiner Ahnung über seine dunkle Seite Gewissheit werden. Ich werde Pater Dietmar immer wieder ausgesetzt sein: auf Zeltlagern, Visitationen in unserem Stamm, auf Exerzitien und auf Gildenführerinnenkursen.

Ich werde in den erzwungenen Beichten seine Trias aus Angst, Sex und Macht, seinen »sexuellen Psychoterror« und seine sexualisierten Übergriffe erleben müssen. Mir wird Missbrauch durch einen Stellvertreter Christi geschehen und der Heilsraum der Kirche wird für mich zu einem Unheilsraum werden. Mir werden Taten geschehen, die meine Maßstäbe verschieben, mich in eine ultimative Ohnmacht werfen und mich nachhaltig traumatisieren. Taten, die enden, als ich ca. fünfzehn Jahre alt bin – und die doch nicht aufhören. Verletzungen, die ich in meiner Seele und meiner Erinnerung verschließe und verdränge und die mehr als zwanzig Jahre später wieder aufbrechen und mein Leben völlig aus der Bahn werfen. Doch zu alldem später mehr.

NIE WIEDER!

Und dann, mit fünfzehn, kommt auf einmal diese Wut in mir hoch, diese in mir brodelnde, nur schwer erklär- und artikulierbare und mich schier verzehrende Wut. Auf Pater Dietmar, auf die KPE, und da ich ab einem gewissen Zeitpunkt irgendwann nicht mehr differenzieren kann und will: auch auf alles Katholische. Wut aber auch auf mich selbst und meinen Körper, den ich unbewusst für alles verantwortlich mache. Zu lange wurden meine physischen, psychischen und spirituellen Grenzen immer wieder überschritten und verletzt. Zu lange habe ich so viel herunterschlucken und ertragen müssen. Zu lange wusste ich gar nicht, dass ich »Nein!« sagen und Widerstand leisten darf. Jetzt explodiere ich geradezu und gehe von einem Moment auf den anderen in die komplette Verweigerung. Ich streite ständig mit meiner Mutter, mache nichts mehr für die Schule und verkrieche mich stunden- bis tagelang hinter meinen heißgeliebten Büchern, die mir wenigstens in meiner Phantasie meine Freiheit zurückgeben. Meine bisher guten Noten brechen binnen weniger Monate dermaßen ein, dass ich eine Klasse wiederholen muss.

Diese Zäsur sehe ich als Chance: Wenn ich ohnehin meine Klasse verlassen muss, dann könnte ich doch gleich komplett auf eine andere Schule in einer weiter entfernten Stadt gehen – weg von den KPE-Gruppenstunden und weg von meinem alten Umfeld. Kaum in der neuen Schule angekommen, rebelliere ich weiter. Meine Wut richtet sich besonders gegen die strenge und autoritäre Direktorin der Schule, die zugleich Ordensoberin ist. Dies hat zur Folge, dass ich nach wenigen Monaten kurz davorstehe, von dieser Privatschule zu fliegen.

Rückblickend kann ich meine Wut und meine Rebellion viel besser dechiffrieren und verstehen, besonders meine Wut auf sämtliche katholische Autoritäten – allen voran auf diejenigen unter ihnen, deren Worte und Handlungen so gar nicht der kirchlichen Botschaft entsprechen. Das geht mir bis heute so. Sobald ich bei einer kirchlichen Autorität eine Wort-Tat-Schere wittere, reagiere ich extrem allergisch. Aber als wütender Teenager fehlten mir schlichtweg die Worte für meine schlimmen Erfahrungen und für meine Wut, ähnlich einem schreienden Kleinkind, das sein Unwohlsein und seinen Schmerz ausdrücken möchte, aber – aus Ermangelung der dafür notwendigen Artikulationsmöglichkeit – einfach nur schreien kann.

Schlussstrich

Daneben erweist sich mein Schulwechsel aber in manchem auch als Segen. Da ich jetzt einen wesentlich längeren Schulweg habe und mich generell mehr auf die Schule konzentrieren muss, habe ich endlich ein Argument gegen eine weitere Teilnahme an den KPE-Gruppenstunden, das meine Mutter gelten lässt. So kann ich nun *endlich* das Kapitel KPE beenden – oder zumindest hoffe ich das, denn ich ahne zu diesem Zeitpunkt noch nicht, dass ein äußerlicher Austritt nicht genügt, um den Körper und die Seele zu entgiften, dass das Toxikum verkapselt in meinem Inneren weiter aktiv ist, fortschwelt und es nur mehrerer größerer Trigger bedarf, um es zum Aufbrechen zu bringen.

Als ein weiterer Segen an meiner neuen Schule erweisen sich meine neuen – und bis heute sehr guten – Freundinnen, die ich in meiner neuen Klasse kennenlerne und die für mich fortan eine Art Ersatzfamilie bilden. Zudem habe ich dort im Religionsunterricht wirklich tolle, offene und »andere« Lehrkräfte, die mir zumindest eine Ahnung davon vermitteln, was Glaube noch bedeuten kann, auch wenn ich mich zu diesem Zeitpunkt betont uninteressiert gebe. Besonders hervorzuheben sei hierbei eine junge, motivierte und begeisternde Ordensschwester, die mit uns inspirierende Besinnungstage veranstaltete (inklusive Filmabend mit der Jesus-Film-Satire »Das Leben des Brian«) – und die Jahre später aus unbekannten Gründen das Kloster verlassen hat. Und noch eine weitere, andere Form von Christsein lerne ich durch meine neue Schule kennen: die Communauté de Taizé. Über mehrere Jahre hinweg fahre ich zusammen mit einer Gruppe Interessierter aus unserer Schule regelmäßig für einige Tage dorthin. Und bis heute liebe ich die Spiritualität dieser Gemeinschaft, die mich selbst in den christentumsfernsten Zeiten, wenn auch manchmal nur als kleiner Schimmer, »bei der Stange« gehalten hat.

Selbst diese positiven religiösen Erfahrungen können jedoch letzten Endes nicht verhindern, dass ich in meiner Teenager-Zeit auch weiterhin alles ablehne, was das Label »katholisch« trägt, und so fasse ich gegen Ende meiner Schulzeit den Entschluss, dass ich nach meinem Abschluss an meiner katholischen Schule *nie wieder* etwas mit der Kirche zu tun haben will und dass mein Abiturgottesdienst meine letzte katholische Messe gewesen sein soll.

Neubeginn

Mit dem Schulabschluss lasse ich nun endgültig alles Katholische und Kirchliche hinter mir, ziehe endlich von zu Hause aus und werfe mich in mein neues, befreites Leben. Ich beginne mein heißgeliebtes Germanistikstudium, entdecke meine große Faszination für das Judentum und entscheide mich deshalb nach dem Grundstudium für den Forschungsschwerpunkt deutsch-jüdische Literaturgeschichte. Und noch etwas Gutes geschieht: Mein jetziger Mann tritt in mein Leben – der Mann, der mir bis heute ein Fels in der Brandung ist, der mir den Glauben an das Gute zurückgegeben und mir meine Angst vor der Sexualität genommen hat und der mir sowohl mit seinen Eltern und Geschwistern als auch später mit unseren Kindern gleich zwei neue Familie schenken wird.

Ich betrete jetzt keine Kirche mehr, beschäftige mich nicht mehr mit kirchlichen Themen und entsorge im Rahmen meines Auszugs endgültig alles, was mich an die KPE erinnert – Gott sei Dank nicht in den Müll, sondern in den Keller eines meiner Geschwister, eine Tatsache, die mir viele Jahre später noch sehr zugutekommen wird.

Siebzehn Jahre später hat meine Psychologin diesen radikalen Schnitt und meine Flucht aus der katholischen Kirche als »Vermeidungsstrategie« bezeichnet. Um psychisch zu überleben, *musste* ich auf Abstand zur Kirche und zu ihren Vertretern gehen, da für mich alles von Triggern übersät war, die die dunklen Schatten der Vergangenheit sofort wieder an die Oberfläche zu holen drohten.

Rückblickend betrachtet, ist diese Zeit aber bei aller neu gewonnenen Freiheit auch durchzogen von etwas, das ich als »spirituelle Unbehaustheit« bezeichnen würde. Ich war und bin nun mal ein religiös veranlagter Mensch, ob ich will oder nicht, und durch alles Negative und Schmerzvolle, das mir im Rahmen und im Namen der katholischen Kirche geschehen ist, musste ich – um überleben zu können – alles kontaminierte Katholische hinter mir lassen. Dadurch wurde ich auch meiner geistlichen Heimat und einer wichtigen Kraft- und Resilienzquelle beraubt. Denn mein Entschluss stand fest: Ich will *nie wieder* etwas mit »diesem Laden«, mit der katholischen Kirche zu tun haben.

Es ist anders gekommen.

TEIL 2

BLICK IN
DIE GEGENWART

RÜCKKEHR IN DIE KIRCHE UND RÜCKKEHR DER VERGANGENHEIT

Nach allen katholischen Abgründen der katholischen Kirche, in die ich als Kind und Jugendliche habe blicken müssen, meide ich, halb bewusst, halb unbewusst, während meines gesamten Studiums alles Katholische und Kirchliche, lese nicht im Evangelium und befasse mich nicht mit christlichen Themen. Stattdessen nähere ich mich dem Judentum an, vertiefe mich immer wieder in den Tanach, die Hebräische Bibel, und widme mich mit Begeisterung meinem Studium der deutsch-jüdischen Literaturgeschichte.

Gretchenfrage

Kurz nach Abschluss meines Studiums werde ich schwanger und wir bekommen unser erstes Kind – und auf einmal stehen mein Mann und ich vor der Frage, ob wir unseren Sohn taufen lassen wollen. Mein Mann, der zwar ein ehemaliger Oberministrant ist, sich aber inzwischen eher im Graubereich zwischen Agnostiker und Atheist befindet, hält eine Taufe für nicht notwendig, würde es aber seiner Oma zuliebe tun, und auch ich bin hin- und hergerissen: Auf der einen Seite ist die Kirche für mich zu diesem Zeitpunkt eigentlich ein rotes Tuch und ein Bereich, den ich so gut wie möglich aus meinem Leben fernzuhalten versuche. Auf der anderen Seite habe ich das unbestimmte Gefühl, dass die Taufe irgendwie dazugehört. Schließlich entscheiden wir uns, vor allem unseren Verwandten zuliebe, für eine kleine Famili-en-Willkommensfeier für unseren Sohn, der eben eine kurze Ze-remonie in der Kirche vorausgeht.

Ein alter Prälat, den ich noch aus Kinderzeiten kenne und der mit der KPE nichts zu tun hat, erklärt sich bereit, die Taufe zu übernehmen. Taufpatin wird die Schwester meines Mannes und als Ort wählen wir die Kirche im Dorf meiner Eltern. Am Tag der Tauffeier betrete ich, mit meinem drei Monate alten Sohn auf dem Arm, das erste Mal seit vielen Jahren wieder eine Kirche. Alles fühlt sich fremd und befremdlich an und ich bin erleichtert, als die kurze Taufe endlich vorbei ist und wir zu den anderen Feierlichkeiten übergehen können. Bei der Taufe unse-res zweiten Sohnes, anderthalb Jahre später, überwiegt immer noch ein ungutes Gefühl.

Aber je älter unsere Kinder werden, desto akuter wird für mich jedoch eine neue »Gretchenfrage«: Wollen wir unseren Kindern bewusst ein christliches und biblisches Grundwissen, religiöse Rituale und ein bestimmtes Gottesbild mit auf den Lebensweg geben und wenn ja welche(s)? Zudem kommt unser ältester Sohn – eher zufällig – in einen evangelischen Kindergarten, in dem die christliche Erziehung großgeschrieben, kirchliche Fest-tage begangen und regelmäßig Kindergottesdienst gefeiert wird.

Wieder bin ich hin- und hergerissen: Auf der einen Seite habe ich als Kind ja ausgiebig diverse Abgründe von Religion, Glau-bensleben und Gottesbildern kennenlernen müssen, welche mich letzten Endes aus der Kirche haben fliehen lassen. Deshalb schre-cke ich auch davor zurück, meine Kinder »religiös gefärbt« zu erziehen. Auf der anderen Seite merke ich, dass es mir irgend-wie doch wichtig ist, zumindest ein paar religiöse Grundelemente und haltgebende Rituale in unseren Familienalltag zu integrieren.

Und da ist noch etwas: Ich merke, dass diese neuen Berührungs-punkte mit dem Christentum etwas in mir selbst ansprechen und zum Klingen bringen, das ich noch nicht ganz begreifen kann. Sie wecken aber in mir das Bedürfnis, mich wieder etwas mehr mit religiösen Themen zu befassen. Um sowohl für mich als auch für meine Familie mehr über diesen Glauben zu erfahren, beginne ich das erste Mal seit sehr langer Zeit wieder in der Bibel zu lesen und mich zunehmend mit theologischen Büchern zu befassen, die meine Neugier wecken. Ich lese und lese und entdecke lauter Aspekte des Christentums und des Katholizismus, die ich so in meiner Kindheit und Jugend gar nicht kennenlernen durfte. Ich entdecke die Rede von einem Gott, der ein freundschaftliches Gegenüber sein will, einem Gott der Beziehung und der Freiheit und einem Gott, der auf der Seite der Ausgegrenzten und Verwundeten steht. Ich entdecke den sinnstiftenden Hintergrund von Ritualen und Traditionen und mir wird zunehmend klar, *wie* falsch, *wie* problematisch und *wie* toxisch all das war, was ich als Kind eingeimpft bekommen habe.

Nach Hause kommen

Mein neuentdecktes Christentum lebe ich zu diesem Zeitpunkt aber nur für mich und mit meiner Familie und explizit frei von jeglicher Gemeindebindung. Und dann stehe ich eines Abends, im Winter 2017, plötzlich vor der Tür einer Kirche: An diesem Gebäude bin ich sicher schon hunderte Male vorbeigegangen, aber ich habe nie wahrgenommen (oder wahrnehmen wollen), dass es sich dabei um eine Kirche handelt. Hinter mir tönt der laute Trubel der Stuttgarter Shoppingmeile. Ich bin eigentlich in der Innenstadt, weil unsere kleine Tochter ein paar Kleidungsstücke benötigt, aber auch, weil ich gerade froh um jede Minute Pause von meinem strapaziösen Alltag mit drei kleinen Kindern bin. Aus irgendeinem Grund gehe ich nicht weiter, es zieht mich in das Kirchengebäude.

Hinter mir schließt sich die schwere Eisentür. Das laute Lärmen der Großstadt verstummt schlagartig. Ich stehe in der Stille. Es ist eine schöne, schlichte, helle Kirche mit einem großen Mosaik hinter dem Altar. Ich setze mich in eine der Bänke und plötzlich befällt mich das unbestimmte Gefühl des Nach-Hause-Kommens. Es ist einfach da, ich kann es mir selbst nicht erklären. Ich bleibe sitzen und langsam füllen sich die Bänke um mich herum, ein Abendgottesdienst beginnt. Der Pfarrer wirkt sehr sympathisch, offen. Er hält eine sehr gute, rhetorisch ausgefeilte und mitreißende Predigt über einen zugewandten, Beziehung suchenden Gott, der genau das will: einen Menschen in Freiheit. Es ist das erste Mal seit langem, dass ich den Worten eines Priesters lausche – und mich davon angesprochen fühle.

Es ist derselbe Priester, dem ich eineinhalb Jahre später von meinem Missbrauchsfall berichten werde.

Ich komme jetzt öfter zum Gottesdienst. Mein Gefühl des Nach-Hause-Kommens verstärkt sich, der Pfarrer wirkt wie ein aufrichtiger, integrer Mann und auch die Gemeindemitglieder sind sehr sympathisch. Es sind schöne Wochen, getragen von einem unbestimmten Gefühl des Endlich-Angekommenseins und des Sich-am-richtigen-Ort-Fühlens.

Dann kommen aus dem Nichts auf einmal diese verstörenden Albträume. Immer wieder: von einer düsteren, nur spärlich beleuchteten Kirche, die wie ein unterirdischer Stollen tief in die Erde gehauen ist. Die Wände sind schwarz und die Decken so niedrig, dass man stellenweise nur gebückt laufen kann. Die Luft ist stickig, ich kann nur schlecht atmen. Dann wache ich auf, mein Puls rast und ich habe das Gefühl, keine Luft mehr zu bekommen. Ich muss aufstehen und das Fenster öffnen. Erst nachdem ich ein paar Züge der kalten Nachtluft eingeatmet habe, löst sich meine Beklemmung.

Neben den Kirchen-Albträumen, die mich neuerdings verfolgen, habe ich noch etwas anderes Seltsames festgestellt: Jedes

Mal, wenn ich mit einem Priester mit schwarzem Hemd und Kollar ins Gespräch komme, steigt etwas in mir hoch, das ich nicht zuordnen kann. Ein schwer zu definierendes und schwer zu kontrollierendes Angstgefühl. Ich weiß nicht, was das ist, und es irritiert mich zutiefst. Aber ich versuche, diese Vorkommnisse einfach zu ignorieren und zu verdrängen (in der Hoffnung, dass sie irgendwann einfach von selbst verschwinden) und mich weiter auf die positiven Erfahrungen zu konzentrieren: auf meine nette und offene Heimatgemeinde, auf die Predigten, die nicht verängstigen, sondern von einem Gott der Freiheit erzählen, auf den bereichernden theologischen Austausch mit unserem Gemeindepfarrer (den seltsamen Ängsten zum Trotz), auf die Gruppe engagierter und feministischer Katholikinnen sowie auf die Kulturveranstaltungen in meiner Gemeinde. Und mit den zunehmend guten Erfahrungen verändern sich auch langsam meine Kirchen-Albträume. Die dunkle, beengende Kirche unter Tage wandert langsam an die Oberfläche, wird heller und offener.

Parallel dazu beschäftige ich mich zunehmend und intensiver mit der Bibel sowie mit kirchlichen und theologischen Themen und entdecke immer mehr Aspekte, die mich sehr ansprechen und begeistern. Es sind Gedanken, die ich in meiner Kindheit und Jugend nie kennenlernen durfte und die durch die toxischen Glaubenslehren verdrängt, überdeckt und kontaminiert worden waren. Ich verschlinge Berge von theologischen Büchern, denn ich will unbedingt mehr wissen von diesen neuen, mich ansprechenden Seiten des Glaubens, die mir so lange versperrt waren und die ich mir jetzt Schritt für Schritt zurückerobere.

Im Zuge dessen kommt bei mir immer stärker ein Wunsch auf: Ich möchte katholische Theologie studieren – nicht, weil ich zu diesem Zeitpunkt einen konkreten kirchlichen Beruf einschlagen möchte, sondern aus ganz persönlichen Gründen. Ich will eintauchen in Exegese, Liturgie, Kirchengeschichte und noch viel mehr und so auch die Wissenslücken, die meine Kirchen-Vermeidungs-Zeit hinterlassen haben, auffüllen. Und da ist noch ein weiterer Beweggrund: Ich will genau wissen und genau prüfen, womit ich es bei diesem Glauben und bei dieser Religion zu tun habe, bevor ich mich – nach allen Erfahrungen in meiner Kindheit und Jugend – noch einmal ganz auf das Wagnis Glauben einlasse, bevor ich noch einmal meine Seele »hergebe«.

Da ein richtiges Universitätsstudium mit drei kleinen Kindern schwer zu vereinbaren ist, entscheide ich mich für katholische Theologie im Fernkurs in der Domschule Würzburg, was mir ein Maximum an zeitlicher und räumlicher, aber auch thematischer Freiheit lässt. Mit großer Begeisterung und zum großen Entsetzen meines atheistischen Ehemannes (»Es reicht doch schon, dass du jetzt wieder katholisch bist – musst du denn dann unbedingt auch noch Theologie studieren?!«) beginne ich im Juni 2018 mit dem Theologiekurs. Ich habe das Gefühl, endlich ganz in meinem Element und zu mir gekommen zu sein. Dieses Gefühl wird mir allerdings nur wenige Wochen vergönnt sein.

Flashback

Dann kommt der Sommerurlaub 2018 in Italien und mit ihm der Tag, an dem mich meine Vergangenheit einholen und mein Leben nachhaltig aus der Bahn werfen wird.

Es ist Mitte August. Es ist Morgen, ich liege im Bett, die Sonne scheint warm durch die Balkonfenster unseres Ferienhauses. Von unten hört man unsere Kinder rumoren. Wie gewohnt, greife ich nach meinem auf dem Nachttisch liegenden Smartphone, gehe zu *Spiegel Online*, scrolle mich durch die Themen und bleibe bei einer Überschrift hängen: »Missbrauch war weitverbreitet. Verführung, Vergewaltigung, Vertuschung: Der bisher umfassendste Bericht zu sexueller Gewalt in der katholischen

Kirche der USA erschüttert den Staat Pennsylvania. Die meisten der beschuldigten Priester kamen davon.«[1] Aus irgendeinem Grund stocke ich, tippe auf den Artikel und beginne mit meiner Lektüre. Ich lese über Vergewaltigungen durch Priester, sexuelle Übergriffe in der Beichte, Vertuschungen durch Kirchenverantwortliche und über Eltern, die den Aussagen ihrer Kinder nicht glauben. Ich lese und lese und erstarre. Mit einem Schlag brechen die Erinnerungen wieder über mich herein:

Ich bin auf einem Zeltlager, im Wald, dort müssen wir immer beichten (›damit nur der liebe Gott deine Sünden hört‹). Ich bin elf Jahre alt. Ich habe mir – wie ich es im Kommunionunterricht gelernt habe – einen Zettel vorbereitet. Darauf steht: ›1. Eltern widersprochen. 2. Geschwister geärgert‹.

Das bringe ich vor. Doch es interessiert den Lagerkuraten Pater Dietmar nicht: ›Ja ja, aber wie sieht es mit den Sünden gegen die Keuschheit aus?‹ Er bohrt nach, verwendet Wörter, die ich als braves katholisches Mädchen noch nie gehört habe, er will von mir Details wissen, die ich nicht verstehe. Ich verstehe nichts und doch merke ich, dass hier etwas nicht stimmt, dass es hier um Dinge geht, die nicht in ein Beichtgespräch gehören. Der Priester fragt, bohrt nach, will immer mehr wissen, hört zu und schnauft dabei laut hörbar. Dieses Schnaufen hat sich so stark in meine Erinnerung eingebrannt, dass ich es förmlich immer noch hören kann, hier in unserem Schlafzimmer in Italien. Ich bin unfähig, aufzustehen.

Ein anderes Bild flackert in mir hoch:

Ich bin ein bisschen älter. Der Gruppenraum mit geschlossenen Vorhängen und geschlossener Türe, über uns ein großes Kruzifix. Derselbe Priester, wieder eine Beichte, wieder interessiert er sich nur für ›Keuschheitsverfehlungen‹. Ich knie auf dem Boden, er setzt sich vor mich. Sehr nahe. Ich kann seinen Schweiß riechen, schaue zuerst auf seinen Priesterkragen, dann auf den Boden. Seine gespreizten Oberschenkel umschließen mich, seine Hände wandern zu mir, wieder dieses Schnaufen. Ich habe Angst, ich möchte diese Nähe nicht, ich möchte seine Hände nicht und ich möchte nicht über das reden, was er mich fragt. Er kommt mir riesig vor, bedrohlich, ich wage nicht, mich aus dieser Position zu befreien und wegzulaufen. Er stellt wieder seine schrecklichen Fragen: ›Hast du dich schon selbst auf unkeusche Weise berührt? Und wenn ja, hast du dabei auch unkeusche Gedanken gehabt? An wen hast du dabei gedacht? Was genau hast du gemacht? Hast du dich dabei an deiner XX berührt?‹ usw., ich habe Angst. Ich habe tatsächlich nichts dergleichen zu erzählen, aber ich kann inzwischen erahnen, um was es hier eigentlich geht. Eine Stimme in mir sagt mir: DU MUSST MITMACHEN! Erzähl irgendwas, sonst passiert noch etwas viel Schlimmeres. Also lasse ich es über mich ergehen und erfinde irgendwas, nur dass er zufrieden ist und endlich von mir ablässt – nicht ohne mir noch die Abtötung meines Körpers und meiner Sinne einzuschärfen …[2]

Dieser Vorgang sollte in den folgenden Jahren kein Einzelfall bleiben.

Plötzlich sind da nicht nur die Erinnerungen, sondern auch die Wut, diese unbändige Wut über das, was passiert ist.

»Kommst du zum Essen?« Mein Mann hat inzwischen das Frühstück vorbereitet, man hört Teller klappern und unsere Kinder streiten sich um ein Spielzeug, aber all das dringt gar nicht richtig zu mir durch. Es ist, als würde plötzlich eine unsichtbare und unüberwindbare Mauer zwischen mir und der Welt um mich herum verlaufen. Mit dem Handy in der Hand liege ich völlig reglos im Bett, aber in mir tobt es: Ich werde überrollt von Erinnerungen, Bildern und Gefühlen. Irgendwann gelingt es mir doch, aufzustehen und nach unten zu gehen, aber ich stehe immer noch völlig neben mir. Erschrocken sieht mich mein Mann an und fragt besorgt: »Was ist los?« Ich murmele: »Nichts«, setze mich an den Tisch und versuche, etwas Essbares herunterzubekommen.

Den Rest des Urlaubstages bin ich schweigsam, aber in meinem Kopf rattert es. Wir fahren an einem wunderschönen Seeufer entlang, aber ich kreise nur um meine Erinnerungen, die ich so lange verdrängt und in den letzten 20 Jahren sehr selten und nur in sehr kleinen Dosen an die Oberfläche habe kommen lassen. Ich denke darüber nach, wie ich das, was passiert ist zu Beginn, als Elfjährige, gar nicht verstanden habe, aber geahnt habe, dass hier etwas falsch läuft. Wie plötzlich, als ich älter wurde, der Moment der Klarheit kam und damit der Ekel. Wie ich, als ich alles realisiert hatte, immer noch gezwungen wurde, zu Pater Dietmar beichten zu gehen. Daran, dass ich mir, als er plötzlich verschwand, als ich ca. 15 war, geschworen habe, nie wieder beichten zu gehen. Daran, dass ich inzwischen nach längerer Pause wieder katholisch bin. Daran, dass ich glaube, aber somit irgendwie auch Teil des »Systems« bin. Jetzt habe ich nicht nur mit dem plötzlichen Hereinbrechen von Erinnerungen zu kämpfen, sondern auch mit einer mittelschweren Konfessionszugehörigkeitskrise.

Noch am selben Tag schreibe ich die am Anfang dieses Buches zitierte Nachricht an meine Schwester und berichte ihr vom Hereinbrechen meiner Erinnerungen und von meinem inneren Ringen. Zu diesem Zeitpunkt sträubt sich noch alles in mir dagegen, diesen Teil meiner Vergangenheit wirklich an die Oberfläche kommen zu lassen. Es ist zu schmerzhaft. Also versuche ich mit aller Kraft, diese »Pakete« wieder wegzupacken und zu verdrängen, aber es wird mir nur für kurze Zeit und mehr schlecht als recht gelingen.

Ein paar Wochen später kommt es zur Vorabveröffentlichung der MHG-Missbrauchsstudie in zwei großen deutschen Zeitungen. Die groß angelegte Studie hat den Missbrauch an Kindern und Jugendlichen durch katholische Kleriker in Deutschland untersucht und tausende Personalakten aus den Jahren 1946 bis 2014 ausgewertet. Das Ergebnis ist erschreckend: Demnach waren 4,4 Prozent aller Kleriker der deutschen Bistümer mutmaßliche Missbrauchstäter. Über 3677 Kinder und Jugendliche sind als Opfer dokumentiert.

Dadurch, dass ich das Thema in den letzten 20 Jahren auch durch meine zeitweise Distanz zur Kirche so weit wie möglich umgangen habe, weiß ich nichts von dieser Studie. Ich lese, was im September 2018 von der Bischofskonferenz veröffentlich werden wird: Hohe Missbrauchszahlen, Systematik, Übergriffe bis hin zu Vergewaltigungen, Vertuschung. Und da bricht sie wieder über mich herein: diese Wut, diese Erinnerungen. Das Thema ist in den Medien jetzt so präsent, dass es kein Entkommen gibt. Ich bin schon fast gezwungen, mich ständig damit auseinanderzusetzen, ich kann gar nicht anders, als mich permanent zu erinnern. Im Zuge dessen kommen immer neue Erinnerungen und detailliertere Bilder in mir hoch. Ich kann nicht mehr schlafen und nichts mehr essen.

Ich versuche, erstmals das »System Pater Dietmar« für meinen Mann in eine erklärbare Form zu bringen: Pater Dietmar habe ich hauptsächlich in meiner Zeit als Pfadfinderin erlebt. Er hat vor allem unsere Pfingst- und Sommerlager (reine Mädchengruppen) als Seelsorger begleitet. Sexualität war bei ihm ständig – unter dem Vorwand der »Keuschheits-Kunde« – präsent: In den oben schon erwähnten explizit übergriffigen Beichtgesprächen, in seinen Predigten, aber auch in den von ihm organisierten

Vorträgen und Exerzitien. Er sah sich für unsere Keuschheit verantwortlich, uns aber auch für seine, was bedeutete, dass unsere Röcke am besten bis zum Knöchel reichen sollten und Badeanzüge auch im heißesten Sommer tabu waren (»sonst fühle ich mich von euch in Versuchung geführt«). Auch waschen durften wir uns nur abends in der Dunkelheit, hinter einem mit Planen abgeschirmten Bereich, was Pater Dietmar aber nicht von voyeuristischen »Manövern« abgehalten hat …

Die Klarheit: Das war Missbrauch!

Ich habe mich – vermutlich auch aus Gründen der Verdrängung – bis zu meinem fünfunddreißigsten Lebensjahr nie wirklich mit dem Thema Missbrauch befasst. Bis dahin war ich davon ausgegangen, dass Missbrauch quasi synonym für Vergewaltigung steht. Ich glaubte, dass ich in meinem Fall gar nicht das Recht hatte, von Missbrauch zu sprechen, da es sich bei mir ja »nur« um sexualisierte Übergriffe sowie verbale Grenzverletzungen und nicht um Vergewaltigungen gehandelt hat. Somit war mir viel zu lange nicht bewusst, dass all meine negativen Gefühle und all mein Verletztsein ihre Berechtigung hatten.

Im September 2018 ändert sich das schlagartig: Jetzt lese ich in der MHG-Studie, dass es sich auch bei sexualisierten Übergriffen und bei verbaler sexualisierter Übergriffigkeit um Missbrauch handelt. Der größte Teil der dokumentierten Taten fand laut den Betroffenen während der Beichte statt. Besonders viele Taten wurden auch während Zeltlagern und anderen Jugendfreizeiten verübt.

Erst durch meine Lektüre der MHG-Studie und der Berichte über die Missbrauchsfälle in den USA wird mir klar, dass sexueller Missbrauch ein sehr komplexes Themenfeld ist und dass es ein breites Spektrum an Formen und Ausprägungen gibt. Es reicht von Hands-Off-Taten, also Taten ohne Körperkontakt,

z. B. verbaler sexueller Gewalt, über Hands-On-Taten bis hin zu schweren Vergewaltigungen.

Nun wird mir vollends bewusst, dass es sich auch in meinem Fall um sexuellen Missbrauch gehandelt hat. Auf diese Weise habe ich endlich einen Schlüssel in der Hand, mit dem ich sowohl meine negativen Erfahrungen als auch die Folgeerscheinungen entschlüsseln und erklären kann. Endlich wird mir klar, woher diese extreme Wut, die ich als Teenager in mir hatte, kam, woher diese Ängste und Albträume stammen und warum alles Katholische und vor allem Priester für mich so lange ein rotes Tuch waren.

Aber in dem Moment, in dem mir klar wird, dass all meine Gefühle eine Erklärung und eine Berechtigung haben, brechen sie nun geradezu dammbruchartig über mich herein, überrollen mich förmlich und werfen mein Leben völlig aus der Bahn. Ständig kommen die Bilder von Pater Dietmar flashbackartig in mir hoch und wühlen mich zutiefst auf. Ich kann nicht mehr schlafen, werde von Albträumen gequält und von einem permanenten Angstgefühl verfolgt. Gleichzeitig bin ich voller Wut und wie aufgekratzt. Zusätzlich bekomme ich nichts Essbares mehr herunter und verliere stark an Gewicht.

Trotz dieser »Nebenwirkungen« beginne ich, intensiv über die KPE und Pater Dietmar zu recherchieren. Ich muss zu meinem Entsetzen feststellen, dass er immer noch als Priester aktiv ist und – bezeichnenderweise – bevorzugt Schweigeexerzitien für Frauen anbietet. Dieses ständige Herabsteigen in den Keller meiner Vergangenheit verschlimmert meinen seelischen und körperlichen Zustand noch zusätzlich.

In der Psychologie wird das Hochkommen eines Traumas mit folgendem und wie ich finde äußerst passendem Bild beschrieben: Wenn einem (gerade als Kind) etwas Traumatisierendes geschieht, dann nimmt man, um irgendwie weiterleben zu können, alle Erinnerungen und Bilder und stopft sie völlig ungeordnet in einen »Schrank« und schließt die Tür. In der Folgezeit, die sogar mehrere Jahrzehnte andauern kann, muss man permanent sehr viel Kraft aufwenden, um diese Tür geschlossen zu halten. Aber irgendwann kommt ein Punkt, an dem man die Türe nicht mehr zuhalten kann, an dem sie aufspringt und der Inhalt des Schrankes über die Person hereinbricht und sie unter sich begräbt. Dann gilt es, die Erinnerungen und Bilder anzusehen, zu sortieren und geordnet wieder in den Schrank zurückzuräumen, auf dass man die Türen schließen und manchmal auch öffnen kann, ohne befürchten zu müssen, völlig überrollt zu werden.

Auch ich will meinen Fall unbedingt besser verstehen und einordnen können. Neben weiteren Recherchen über Pater Dietmar und die KPE vertiefe ich mich weiter in die MHG-Studie und andere Untersuchungen über sexuellen und auch geistlichen Missbrauch im Rahmen und im Namen der katholischen Kirche. Ich lese von erschreckend hohen Opferzahlen, von Tätertypen und Täterstrategien, von der religiösen Verbrämung der Taten, von Vertuschung durch die jeweiligen Kirchenverantwortlichen und von missbrauchsbegünstigenden Strukturen und Denkmustern innerhalb der Kirche.

In mir brodelt es, aber ich weiß nicht, wohin mit meinen Erinnerungen, meinen Ängsten, meiner Wut und den vielen noch nicht aussprechbaren Worten in mir.

HÖHEN UND TIEFEN

»Jeder einzelne Missbrauchsfall ist schändlich und furchtbar! Es ist ein Verbrechen und ein Verrat am Evangelium!« Ich sitze während des Abendgottesdienstes in meiner Heimatkirche und lausche wie gebannt der Predigt unseres Gemeindepfarrers über die Veröffentlichung der MHG-Studie. Seit Wochen bin ich extrem aufgewühlt, ich werde von schlimmen Erinnerungen und Zweifeln gequält und weiß nicht wohin damit. In dem Moment, in dem unser Pfarrer in seiner Predigt die MHG-Studie zur Sprache bringt, ist es, als würde in mir ein Korken weggesprengt und der gesamte Druck, der sich in mir aufgebaut hat, entlädt sich. Ich fange an zu weinen und die gesamte Predigt hindurch kann ich nicht damit aufhören.

Nach dem Gottesdienst gehe ich, weil ich noch etwas mit unserem Pfarrer besprechen muss, zu ihm und sage in ironischem Tonfall: »Na herzlichen Glückwunsch, Sie haben mich heute mit Ihrer Predigt zum Heulen gebracht.« Er blickt mich erstaunt an, führt mich in das geschützte Seitenschiff der Kirche und fragt: »Wieso das?« Und dann beginne ich mit zitternder Stimme zu erzählen. Ich erzähle und erzähle: von meiner Kindheit und Jugend in der KPE, vom geistlichen Missbrauch, von Pater Dietmar, von seinem sexuellen Psychoterror, von den erzwungenen Beichtgesprächen hinter verschlossener Tür, von seinen sexuellen Übergriffen.

Ich kenne unseren Pfarrer als einen sehr distanzierten, stoischen Menschen, aber während ich spreche, merke ich, dass für einen Moment seine emotionale Firewall völlig wegbricht, dass er mir zum einen uneingeschränkt glaubt und dass er zum anderen einfach nur entsetzt und auch wütend ist über das, was er gerade zu hören bekommt. Und dann, mitten in unserem Gespräch, fällt ein Satz, der sich bei mir besonders eingebrannt hat: »Ihnen ist Unrecht widerfahren.«

Offenbarung

Die amerikanische Philosophin Ann J. Cahill bezeichnet den Moment, in dem eine betroffene Person ihren Fall einem Vertreter der Institution, in der ihr Missbrauch geschehen ist, anvertraut, als »*shimmering moment of disclosure*«[3] – als schillernden Moment des Sich-Offenbarens. Schillernd, weil er ein risikoreiches Wagnis ist, weil er sowohl ins Gute als auch ins Schlimme kippen, weil er alles oder nichts bedeuten kann. Wenn der Institutionsvertreter dem Betroffenen Glauben schenkt und gut, empathisch, kompetent und unterstützend reagiert, so kann dieser Moment ein erster großer Schritt in Richtung Heilung und Balsam für die Seele sein. Wenn aber der Institutionsvertreter den Bericht des Gegenübers in Zweifel zieht und unempathisch, unprofessionell und ablehnend reagiert, so kann dieser Augenblick alte Wunden erneut aufreißen und sie sogar noch massiv vertiefen. Diese Macht und das Potential dieses »*shimmering moment of disclosure*« sollten sich besonders Kirchenvertreter im Kontakt mit Betroffenen immer wieder vor Augen halten und dieses Wissen zum Guten nutzen. Ich hatte das Glück, dass ich in diesem schillernden – ungeplanten – Moment des Offenbarens an jemanden geraten bin, der – ebenfalls unvorbereitet – genau richtig reagiert und mir somit einen wichtigen Heilungsschritt ermöglicht hat.

Nach einem etwa einstündigen, intensiven Gespräch werden unser Gemeindepfarrer und ich vom Küster, der nun gerne die Kirche abschließen würde, vorsichtig aus unserem Gespräch und aus dem Gebäude komplimentiert. Also verabschiede ich mich noch von unserem Pfarrer und gehe nach draußen.

Draußen bleibe ich noch kurz vor der Kirche stehen und atme tief die schon kälter werdende herbstliche Abendluft ein. Ich fühle mich auf einmal im wahrsten Sinne des Wortes erleichtert, so als hätte ich seit Wochen einen Rucksack voller schwerer Steine mit mir herumgeschleppt und jemand hätte ihn nun von meinen Schultern genommen. Und im Grunde ist genau das gerade geschehen: Ich habe meine innere Last endlich ein wenig auslagern können. Aber nicht nur das, ich habe jetzt auch noch einen offiziellen Kirchenvertreter an meiner Seite, der mich in meiner Sache unterstützt und der mir beisteht. Zu Hause setzte ich mich direkt an meinen Laptop und schreibe noch eine kurze E-Mail an unseren Pfarrer:

Lieber Herr Hermes,

DANKE!!

Viele Grüße
Johanna Beck

Am nächsten Tag antwortet er:

Liebe Frau Beck,

übrigens frage ich mich, ob es nicht doch gut wäre (nachdem ich den von Ihnen erwähnten Geistlichen im Netz recherchiert habe), die Sache noch zumindest kirchlich zur Anzeige zu bringen. Im Gegensatz zum staatlichen Recht gibt es im Kirchenrecht keine Verjährung. Gerne kann ich Ihnen die entsprechenden Kontakte und AnsprechpartnerInnen vermitteln.

Viele Grüße
Christian Hermes

Unser Pfarrer wird sein Versprechen halten. Er wird mir in der Folgezeit seelsorgerisch zur Seite stehen, wird meinen Aufarbeitungsprozess begleiten, meine manchmal noch aufkommende Priester-Wut aushalten und wird mich während meines Verfahrens unterstützen. Und nicht nur das: Aus diesem Kontakt wird sogar eine ungewöhnliche Freundschaft erwachsen.

Aber neben diesen positiven Erlebnissen und Aspekten dürfen die vielen dunklen Stunden, die es definitiv auch weiterhin gab, sowie die Tiefs, in die ich in den nächsten drei Jahren immer wieder fallen werde, nicht verschwiegen werden. Mit meinem *»shimmering moment of disclosure«* konnte ich zwar endlich meine Geschichte erzählen und habe nun Unterstützung an meiner Seite.

Aber im Zuge meines Entschlusses, ein kirchliches Verfahren anzustoßen und der damit einhergehenden zusätzlichen KPE-Recherche bin ich gleichzeitig gezwungen, immer tiefer in die Abgründe meiner Vergangenheit zu blicken. Zudem stoße ich zwar auf der einen Seite bei meinen Geschwistern auf heilsames Verständnis, Trost und Unterstützung, setze aber andererseits innerhalb meiner Familie auch schmerzvolle Dynamiken frei. So ist es nicht verwunderlich, dass ich meine körperlichen und seelischen Nebenwirkungen trotz aller positiven Erfahrungen nicht in den Griff bekomme.

Meinen normalen Alltag versuche ich dennoch irgendwie weiterzuführen, sodass ich teilweise geradezu ein Doppelleben führe: Morgens bringe ich meine Kinder in Kindergarten und Schule, dann widme ich mich meinem Theologiestudium, verbringe den Nachmittag wieder mit meiner Familie. Aber sobald meine Kinder im Bett sind, widme ich mich den Abgründen meiner Vergangenheit, stelle Recherchen an und führe lange Gespräche mit meinen Geschwistern. Kein Wunder also, dass ich weder meine Angst- noch meine Schlafstörungen in den Griff bekomme.

Geistlicher Missbrauch

Es gibt noch ein Schlüsselwort, das ich in die Hand bekomme, durch das ich meine KPE-Vergangenheit und deren nachhaltige Auswirkungen besser verstehen lerne: geistlicher bzw. spiritueller Missbrauch. Besonders die Lektüre des Buchs »Spiritueller Missbrauch in der katholischen Kirche« von der Theologin und Philosophin Doris Reisinger ist für mich voller Aha-Effekte und Déjà-vus! Sie definiert geistlichen Missbrauch als »Verletzung des spirituellen Selbstbestimmungsrechtes«[4], unterscheidet zwischen spiritueller Vernachlässigung, spiritueller Manipulation und spiritueller Gewalt und zeigt auf, wie Gläubige durch toxische Formen von Spiritualität unfrei gemacht, manipuliert und abhängig gemacht werden – mit verheerenden Folgen für die Betroffenen.

Die Beratungsstelle des Bistums Osnabrück beschreibt geistlichen Missbrauch als Vorgang, bei dem »religiöse Werte und Symbole, ethische Begriffe oder theologische Konzepte« dazu eingesetzt werden, um »in übergriffiger Weise Einfluss zu nehmen und Druck auszuüben auf das (Er-)Leben einer Person bis hin zur Kontrolle ihrer gesamten Lebensführung.«[5] Dabei nennt die Beratungsstelle drei Konkretionen des geistlichen Missbrauchs:

a. Gezielte spirituelle Vernachlässigung
b. Machtmissbrauch im geistlichen Leitungsamt
c. Missbrauch und Bruch des Beichtsakraments[6]

Laut Doris Reisinger ist besonders die »toxische Spiritualität«[7] in geschlossenen totalitären spirituellen Systemen fatal. Als Beispiel für solche Systeme führt sie »sektenähnliche, in sich geschlossene Gemeinschaften« in der katholischen Kirche an, die »ein elitäres Selbstbild, eine ideologische Selbstüberhöhung, ein dualistisches Welt- und Menschenbild, eine apokalyptische

Weltanschauung und eine radikale Leidensmystik pflegen und die den einzelnen Mitgliedern die vollkommene Selbstaufgabe«[8] abverlangen. Ich finde: die perfekte Beschreibung des »Systems KPE«! Auch habe ich in meinen ersten sechzehn Lebensjahren erleben müssen, wie sich die KPE immer wieder als einzig wahre katholische Elite gerierte, wie sie die heile und reine Welt der Gruppierung über die böse, unreine Außenwelt stellte, wie die Mitglieder durch das Bild eines strafenden und bedrohlichen Gottes sowie durch beängstigende Apokalypse-Ankündigungen auf Kurs gebracht wurden und wie die völlige Hingabe an Gott – oder besser gesagt: an die führenden Personen der KPE – und die komplette Selbstaufgabe gefordert wurde, wie ich im Kapitel »Gehorsam« noch weiter ausführen werde. Zudem wurden wir Pfadfinderinnen durch rigide Sündenregister und verstörende Höllenschilderungen zutiefst verängstigt und unter Druck gesetzt – und somit noch anfälliger für Manipulationen gemacht.

Wenn ich an meine KPE-Zeit zurückdenke, dann erinnere ich mich vor allem an das Gefühl, *permanent* einem spirituellen Zwang und Drill sowie einem zutiefst beängstigenden religiösen System ausgesetzt zu sein – ohne dem irgendwie entkommen zu können. Immer und immer wieder wurde nicht nur gegen mein sexuelles, sondern auch massiv gegen mein spirituelles Selbstbestimmungsrecht verstoßen – mit schlimmen Folgen für mich.

Inzwischen hat sich in der Forschung zunehmend die Erkenntnis durchgesetzt, dass die Folgen der Verletzung des sexuellen und des spirituellen Selbstbestimmungsrechtes einander »sehr ähnlich«[9] sind. Zudem konnten Expertinnen wie Barbara Haslbeck durch vertiefte Forschungen nachweisen, »dass sexueller und spiritueller Missbrauch ganz eng miteinander verbunden sind, dass Menschen, die im Raum der Kirche sexuellen Missbrauch erlebt haben, nahezu immer vorauslaufend spirituellen Missbrauch erleben.«[10] Auch dieser katholische Abgrund muss also dringendst intensiver beleuchtet und aufgearbeitet werden! Deshalb will ich an dieser Stelle vehement dafür plädieren, dass nicht nur der sexuelle, sondern auch der geistliche Missbrauch im Rahmen und im Namen der katholischen Kirche noch viel stärker als bisher aufgearbeitet und bekämpft wird! Es braucht noch mehr Sensibilisierung und Problembewusstsein für dieses Themenfeld, vertiefende Forschungen, genauere Kriterien sowie die flächendeckende feste Einrichtung kompetenter diözesaner Beratungsstellen, an die sich Betroffene wenden können und die umgehend aktiv werden. Da geistlicher (und sexueller) Missbrauch häufig im Kontext der Orden geschieht, muss in diesem Zusammenhang auch die Ordensoberenkonferenz dezidiert in die Pflicht genommen werden! Es ist empörend, dass Betroffene von geistlichem Missbrauch immer noch so häufig auf taube Ohren, Unverständnis, mangelnde Sachkenntnis oder fehlende Zuständigkeit stoßen. Besonders fundamentalistische Gruppierungen wie die KPE, in denen ich Dinge erleben musste, die meiner Meinung nach unter geistlichen Missbrauch fallen, und die immer noch unter offizieller »katholischer Flagge« fahren dürfen, sollten in diesem Zusammenhang vonseiten der Kirche besonders ins Visier genommen, deutlich sanktioniert und im Zweifelsfall verboten werden!

Therapeutikum Theologie

Das strapaziöse Nebeneinander der aufwühlenden Auseinandersetzung mit meiner Vergangenheit und meinem Familienalltag stellt bis zu einem gewissen Grad auch meine Rettung dar. Meine Kinder und der Familienalltag lassen es gar nicht erst zu, dass mich die Abgründe meiner Vergangenheit endgültig verschlingen bzw. dass ich mich vollends hineinfallen lasse. Und mein Mann erweist sich wie so oft in meinem Leben als ein wunderbarer Fels in der Brandung, ohne dessen Unterstützung und Bestärkung ich diesen Sturm sicher nicht überstanden hätte.

Aber auch mein Theologiestudium gibt mir – auch wenn das vielleicht schwer nachzuvollziehen ist – Halt und Kraft: Es vertieft meinen mündigen Glauben, weil es mir jenseits der düsteren auch die hellen Seiten des Glaubens zeigt und vor allem, weil es einen ständigen Dialog mit meiner Vergangenheit darstellt: Jetzt kann ich nicht mehr nur aus meinem persönlichen Empfinden heraus sagen, dass die negativen Gottesbilder und Denkmuster, die mir als Kind aufoktroyiert wurden, toxisch waren – sondern ich kann sie nun auch theologisch widerlegen. So besitzt mein Studium auch eine äußerst therapeutische Komponente.

Und ja, ich gehe auch in den schweren Momenten weiter in die Kirche. Mir ist sehr bewusst, dass dies für andere Menschen – und besonders für andere, kirchenferne Betroffene – möglicherweise nicht nachvollziehbar ist. Aber für mich war und ist mein Glaube, der mir zum einen auf seltsame Weise zugeflogen ist, den ich mir zum anderen aber auch selbst zurückerkämpft habe, auch eine wichtige Resilienzquelle. Ich habe mich oft selbst darüber geärgert, warum mich meine Vergangenheit ausgerechnet dann einholen musste, als ich gerade meinen Platz in der Kirche und zum Glauben zurückgefunden hatte. Aber ohne meinen Glauben an ein göttliches Gegenüber, dem ich mich anvertraue, bei dem ich mich bergen kann, das aber auch meine Klage und meine Wut aushält und den Schmerz zum Guten wendet, hätte ich gar nicht die Kraft gehabt, mich dieser Vergangenheit zu stellen, Aufarbeitung zu betreiben und für Veränderungen zu kämpfen.

Bis heute ist die Kirche immer noch der Ort, an dem ich mich mit meinem Glauben und meiner Spiritualität am meisten zu Hause fühle, an dem ich am besten mit Gott in Verbindung treten kann. Aber wird dieser Ort auch in Zukunft immer die katholische Kirche mit ihren toxischen Strukturen und Seiten sein? Ich weiß es nicht. Manchmal ertappe ich mich bei dem Gedanken, dass ich auch deshalb Theologie studiere, um mich im Falle einer erneuten Flucht aus der Kirche mit so viel theologischer Kompetenz und Mündigkeit auszustatten, dass ich im Zweifelsfall meinen Glauben auch jenseits und unabhängig von der Institution Kirche leben könnte.

TURNING POINT

Es ist Mitte November 2019 und ich halte mich im Zuge eines theologischen Seminars für eine Woche in Münster auf. Ich hoffe darauf, dass diese Tage etwas Abstand zu meiner schmerzvollen Aufarbeitung bringen und mir ein bisschen Ruhe vom stressigen Familienalltag ermöglichen. Untergebracht sind wir in einem ehemaligen Kloster.

Mein Zimmer ist klein, hat eine hohe Decke, ist karg eingerichtet, an den Fenstern sind die Vorhänge zugezogen und über dem Bett hängt ein großes Kruzifix. Es ist kalt und es riecht leicht muffig nach Heizungsluft. Hinter mir schließt sich eine schwere Holztür. Ich weiß nicht warum, aber sobald diese Zimmertür hinter mir ins Schloss fällt, steigt in mir ein beklemmendes Gefühl auf.

Am Abend liege ich müde im Bett, über mir das große Kruzifix – und mein Puls beginnt plötzlich zu rasen, auf meiner Stirn steht kalter Schweiß, ich habe Angst. Eine undefinierbare Angst. Ich kann nicht einschlafen. So geht das über Stunden. Ich schlucke zwei, drei Baldriparan – es hilft nichts. Gegen Morgen nicke ich kurz ein und werde sofort von verstörenden Albträumen gequält.

Morgens schleppe ich mich zum Frühstück, stehe irgendwie das Seminar-Programm durch, versuche, mir nichts anmerken zu lassen, und laufe abends alleine durch die Gassen, um wenigstens in dieser Nacht bettschwer genug zu sein. Aber sobald sich wieder die Zimmertür hinter mir schließt und ich mich unter dem Kruzifix ins Bett lege, kommt sie wieder, diese nicht fassbare und undefinierbare Angst, begleitet von Herzrasen, kaltem Schweiß, Schlaflosigkeit. *Du musst jetzt schlafen!* Und dann wieder diese Albträume.

So geht das jetzt jede Nacht – Albträume, Herzrasen, Angst, Panik. Am Freitagmorgen geht es mir fürchterlich, ich bin am Ende meiner Kräfte, aber es steht ein Seminartag mit dem Münsteraner Theologen Michael Seewald an, den ich auf keinen Fall verpassen möchte. Ich schleppe mich mit letzter Kraft in den Speisesaal – und breche dort zusammen. Als ich wieder zu mir komme, bin ich umringt von einigen Seminarteilnehmerinnen. Dann kommen Sanitäter, ich werde in einen Krankenwagen getragen und dann in die Notaufnahme transportiert. Im Krankenhaus bekomme ich einige Infusionen, Tests werden gemacht: keine Auffälligkeiten.

Da ich meinen Kindern versprochen habe, am Abend wieder zu Hause in Stuttgart zu sein und sie ins Bett zu bringen, lasse ich meine inneren Zustände unerwähnt und bestehe darauf, mich selbst zu entlassen, um so rechtzeitig den Zug nach Stuttgart zu erwischen. Ich fühle mich immer noch sehr schwach, meine Arme sind voller Pflaster von den Infusionen. Als ich am Bahnhof ankomme, erfahre ich, dass mein Zug ausfällt, es herrscht völliges Chaos. Ich werde zum falschen Ersatzzug geschickt und lande schließlich völlig verzweifelt und am Ende meiner Kräfte auf einem kleinen, abgelegenen, einsamen Bahnsteig irgendwo in Westfalen.

Ich kann nicht mehr. Ich habe seit einer Woche quasi nicht geschlafen, komme aus dem Panik-Tunnel überhaupt nicht mehr raus und ich habe die Befürchtung, dass mein Leben nur noch aus Ängsten und Schlaflosigkeit besteht. Ich sitze alleine auf diesem kleinen Bahnsteig, an mir rauschen im Minutentakt ICEs vorbei. Plötzlich werde ich von einem Gedanken beherrscht: Wenn ich mich vor den nächsten vorbeirasenden Zug werfe, hat all das endlich ein Ende. Ich stehe auf, stelle mich an den äußersten Rand des Bahnsteigs und warte – und dann setzt meine Erinnerung aus. Ich habe einen kompletten Filmriss. Bis heute kann ich nicht abrufen, was in den folgenden zwanzig Minuten passiert ist. Als meine Erinnerung wieder einsetzt, bin ich gerade in eine Regionalbahn gestiegen, die mich zum nächsten Umsteigebahnhof bringt.

In diesem Moment des Zu-mir-Kommens beschließe ich zwei Dinge: Zum einen wird mir endlich klar, dass ich meine Probleme nicht alleine in den Griff bekomme, sondern mir endlich Hilfe holen muss! Zum anderen fasse ich den Entschluss, dass ich mich nicht jetzt – mehr als zwanzig Jahre nach den Geschehnissen – erneut von meiner Vergangenheit kaputt machen lassen darf! Noch während der Zugfahrt googele ich nach einer Therapeutin in meinem Stuttgarter Viertel.

Wendepunkt

Meine Therapeutin – der ich unglaublich viel zu verdanken habe – hat diesen Filmriss rückwirkend als »Dissoziation« bezeichnet. Überhaupt verstehe ich aus heutiger Sicht dank der Therapie viel besser, was damals überhaupt mit mir los war: Dass das Zimmer, die Möbel, der Geruch und vor allem das große Kruzifix über meinem Bett die ultimativen Trigger für mich waren (und sind) und dass diese Angstanfälle massive Panikattacken waren und dass die Schlafstörungen und Depressionen Teil meines posttraumatischen Stresssyndroms sind. In der Therapie kann ich gut begleitet meine Vergangenheit aufarbeiten und ich lerne, meine Trigger zu (er-)kennen, mit den Panikattacken umzugehen, Angstteufelskreise zu durchbrechen, dem »Suizid-Tunnel« zu entgehen und meine Grenzen besser zu setzen. Auch meine Essens-Abwehr und meine Schlafstörungen werden langsam besser. Von meiner Therapeutin habe ich auch gelernt, dass ich, sollte ich wieder einmal in einem Zimmer mit großem Kruzifix über dem Bett untergebracht sein, dieses einfach abhängen und an der Rezeption abgeben soll. Sollten Sie mir also einmal auf dem Flur eines katholischen Tagungshauses mit einem Kruzifix in der Hand begegnen, dann wissen Sie, warum.

Schritt für Schritt kämpfe ich mich zurück in ein »normaleres«, nicht aber in mein altes Leben. Lange Zeit habe ich das große Ziel, irgendwann endlich wieder mein altes Leben zurückzubekommen. Ab einem gewissen Punkt verstehe ich jedoch, dass es kein Zurück mehr geben *kann*, wenn man einmal in die menschlichen Abgründe ein- und wieder aufgetaucht ist und wenn sich einmal ein Grauschleier über die Seele gelegt hat, der sich nie mehr ganz wegwischen lässt. Aber ich kann zumindest versuchen, das Geschehene als Teil meiner Vergangenheit und meiner selbst zu akzeptieren und es in meine eigene Geschichte zu integrieren.

Und noch etwas passiert: In mir reift ein Entschluss. Ich möchte mein unfreiwilliges Wissen über diese katholischen Abgründe nutzen, um vielleicht irgendetwas damit bewegen und somit all dem wenigstes einen Hauch von Sinn verleihen zu können.

Erst im Nachhinein ist mir klar geworden, dass dieser Moment, dieser absolute körperliche und seelische Tiefpunkt, zugleich auch *der Turning Point* in meinem bisherigen Leben war – hin zum Anderen, Neuen, Besseren.

MACH NEU, WAS DICH
KAPUTT MACHT

Einige Zeit nach dem Tiefpunkt in Münster sitze ich in der Bank meiner Heimatkirche und grübele vor mich hin:

Auf der einen Seite habe ich gerade meinen Platz und meine spirituelle Heimat in der katholischen Kirche wiedergefunden, habe nun auch dort Menschen kennengelernt, die mich auf meinem Weg unterstützen, ermutigen und begleiten. Noch immer widme ich mich mit Begeisterung meinem Theologie-Fernkurs, der für mich auch eine therapeutische Komponente besitzt. Da ist das Evangelium, die Botschaft von Glaube, Hoffnung und Liebe, von der Macht der Machtlosigkeit, der Augenhöhe und der Verletzlichkeit sowie von einem Gott der Freiheit und der Beziehung, der den Verwundeten und Ausgegrenzten ganz besonders nahe ist, eine Botschaft, die ich jetzt neu entdecke und die mir Kraft gibt.

Auf der anderen Seite wühle ich auch weiterhin in meiner KPE-Vergangenheit, recherchiere über Pater Dietmar und lese Studien und Bücher zum Thema sexueller und geistlicher Missbrauch in der katholischen Kirche – auch um meine eigenen Erfahrungen besser entschlüsseln und einordnen zu können. Ich lerne, dass die beschuldigten Kleriker ihre geistliche Autorität und die seelsorgerischen Beziehungen zur Tatanbahnung nutzten. Dass Kirchenverantwortliche viel zu oft die Verbrechen nicht ahndeten, sondern sie vertuschten und den Schutz der Institution und der Beschuldigten über den Schutz der Betroffenen stellten. Dass die klerikalen und hierarchischen-autoritären Strukturen, die Männerbündigkeit sowie die rigide Sexualmoral in der katholischen Kirche als missbrauchsbegünstigend zu betrachten sind. Und ich beginne zu ahnen, dass ich kein »bedauerlicher Einzelfall« bin, der in einem düsteren und hermetischen katholisch-fundamentalistischen Winkel stattfand, sondern dass mein Fall auch Teil jenes großen gesamtkatholischen und systemischen Missbrauchsabgrundes ist.

Weggabelung

Ich sitze da und ringe wieder einmal mit mir: Was soll ich nur tun angesichts dieser Erkenntnisse? Kann, ja darf ich mit meinen negativen Erfahrungen im Gepäck überhaupt meinen Kirchenweg weitergehen? Darf ich angesichts meines Wissens über diese Abgründe überhaupt noch katholisch bleiben? Oder ist meine Rückkehr in die katholische Kirche vielleicht doch eine »seltsame Form von Stockholm-Syndrom«, wie ich am ersten Tag meiner Aufarbeitung an meine Schwester geschrieben habe?

Gleichzeitig regt sich in mir Widerstand: Warum muss *ich* mich als Betroffene eigentlich immer wieder aufs Neue fragen, ob ich in dieser Kirche bleiben kann?

Warum muss *ich* im Zweifelsfall meiner Glaubensheimat erneut den Rücken zukehren, um psychisch überleben zu können?

Warum setzt die Kirche gerade angesichts ihrer tiefen Abgründe nicht vielmehr *alles* daran, diesen finsteren Abyssus endlich umfassend auszuleuchten, den Schutz der Betroffenen endlich über den Schutz der Institution zu stellen, den Verwundeten endlich wirklich Heilung und Gerechtigkeit widerfahren zu lassen und ihre toxischen und missbrauchsbegünstigenden Strukturen und Denkmuster radikal zu reformieren?

Warum macht es die Kirche durch ihre Uneinsichtigkeit, Unbeweglichkeit und Ungerechtigkeit den Betroffenen so schwer zu bleiben – und den Tätern so leicht?

Vermutlich wäre es der naheliegendere und logischere Schluss, das, was mich kaputt gemacht hat, endgültig hinter mir zu lassen, zu gehen und nie mehr zur Kirche zurückzublicken. Aber noch bin ich nicht bereit, meine Glaubensheimat kampflos aufzugeben, einfach das Feld zu räumen und die frohe Botschaft schlimmstenfalls den Evangeliumsverdunklern zu überlassen. Stattdessen entscheide ich mich, bis auf Weiteres für ein »Ja-Aber-Bleiben«.

Ja, ich kann in der Kirche bleiben, *aber nur*, wenn ich nicht mehr schweige, sondern über die katholischen Abgründe spreche, den Finger in die Wunde lege und mich für eine Aufarbeitung der Missbrauchsfälle einsetze. Ja, ich kann bleiben, *aber nur*, wenn ich mithelfe, die toxischen, missbrauchsbegünstigenden und evangeliumsfeindlichen Strukturen zu reformieren und die Botschaft in bessere und würdigere Formen übergehen zu lassen. Ja, ich kann bleiben, *aber nur*, wenn ich mit meiner Vergangenheit im Gepäck versuche, neu zu machen, was mich kaputt gemacht hat. Und während ich diesen Beschluss fasse, wandert mein Blick auf das Mosaik hinter dem Altar, und plötzlich fällt mir ein Ausschnitt auf: ein goldener Kern umringt von grauen und schwarzen Gesteinsschichten.

Da kommt mir der Gedanke, dass dieser Mosaikausschnitt eigentlich die Situation der katholischen Kirche gut abbildet: Es gibt den goldenen Kern – das Evangelium. Aber um ihn herum haben sich in den letzten Jahrhunderten Unmengen von grobem Gestein und dunklen Schlacken abgelagert, die ihn zu erdrücken und zu erlöschen drohen. Diese düsteren Verkrustungen und Sedimente, besser gesagt: diese toxischen, verletzenden und menschen- und evangeliumsfeindlichen Strukturen und Denkmuster müssen dringend aufgebrochen und weggeschlagen werden, um den goldenen Kern wieder freizulegen. Gelingt dies nicht, dann werden diese Ablagerungen den Kern auf Dauer auslöschen.

Bei diesem Wegschlagen und Freiräumen des goldenen Kerns will ich mich von nun an beteiligen – die Frage ist nur: wie?

»MADAME SURVIVANTE«

Während meiner intensiven Beschäftigung mit den Ursachen und Hintergründen der Missbrauchskrise in der katholischen Kirche wird mir nicht nur zunehmend klar, dass es in der katholischen Kirche Strukturen und Denkmuster gibt, die missbrauchsbegünstigend sind.

Nach und nach muss ich auch erkennen: Viele kirchliche Verantwortliche – allen voran die Bischöfe – sind sich der Brisanz und der Dringlichkeit der Missbrauchsthematik im Allgemeinen und der ursächlichen Strukturen im Besonderen immer noch nicht bewusst oder noch schlimmer: Ich habe den Eindruck, dass sie diese gar nicht sehen *wollen*.

Die MHG-Studie hatte unter anderem klare Empfehlungen für die Reform der Priesterausbildung, für den Umgang mit klerikaler Macht formuliert und nicht zuletzt eine intensive Auseinandersetzung mit der katholischen Sexualmoral gefordert: »Ein vorwiegend theologischer und pastoraler Umgang mit diesen Entwicklungsanforderungen ist nicht ausreichend«[11], hatte sie an die Verantwortlichen appelliert.

Bis heute verschließen sich jedoch einige Bischöfe kategorisch den Ergebnissen der MHG-Studie und der inzwischen dazugekommenen, aber in ihren Ergebnissen gleichlautenden, Untersuchungen zum Thema Missbrauch in der katholischen Kirche. Einer der Bischöfe macht sogar mit seiner Warnung vor einem »Missbrauch des Missbrauchs« Schlagzeilen. Er behauptet, der Missbrauchsskandal werde instrumentalisiert, um eigene Reformideen durchzusetzen, und wirft der Studie wissenschaftliche Schwächen vor. Andere Kirchenvertreter stimmen ihm zu.

Mit solcher Kritik an den Missbrauchsstudien verweigern sich die Kritiker aber nicht nur bewusst den wissenschaftlichen Erkenntnissen, sondern sie negieren damit auch die Zeugnisse, den Schmerz und das Schicksal tausender Betroffener und manifestieren darüber hinaus sogar das Fortbestehen jenes missbrauchsbegünstigenden Systems.

Diese Erkenntnis macht mich wütend. Sie wirft mich zurück in das Gefühl, ohnmächtig einer klerikalen Übermacht gegenüberzustehen, als vereinzeltes Wesen an meinem Schreibtisch. Wie kann ich mich also aus dieser ohnmächtigen Situation befreien und ins Handeln kommen?

Da kommt mir eine Idee: Ich lese schon seit längerem mit Begeisterung die Beiträge des theologischen Online-Feuilletons *feinschwarz.de* – vielleicht könnte ich ja einen offenen und hoffentlich aufrüttelnden (Leser-)Brief an die Bischöfe verfassen und ihn an die Feinschwarz-Redaktion schicken.

Ich beginne zu schreiben und merke schnell, wie befreiend es sich anfühlt, endlich einmal all die Gedanken, die mich schon seit längerem umtreiben und zu lähmen drohen, zu Papier zu bringen:

Sehr geehrte Herren Bischöfe,

ich schreibe Ihnen, ich kann nicht anders! Warum dieser Brief und warum ausgerechnet von mir? Weil ich angehende Theologin bin? Vielleicht, denn die Missbrauchskrise der Kirche ist so tiefgreifend, dass die Problematik auch theologisch aufgearbeitet werden muss. Oder weil mir das Evangelium vom Dienstag (Mk 9,30–37) nicht mehr aus dem Kopf geht, das sowohl Spiegel für als auch potentielle Antwort auf die momentane Krise bietet: Während die Jünger noch darum streiten, »wer von ihnen der Größte sei«, stellt Jesus »ein Kind in ihre Mitte«. Braucht es noch mehr ›Kopernikanische Wende‹?![12]

Genau das ist ein Punkt, der mich bis zum heutigen Tag immer wieder verzweifeln lässt und wütend macht: Wie kann es sein, dass Kirchenvertreter, die diese Botschaft doch eigentlich verkünden sollen, leider so oft genau das Gegenteil tun. Immer wieder werden eben nicht die besonders Verletzlichen und besonders Verletzten in die Mitte gestellt, sondern vielmehr der Schutz der Institution Kirche und ihrer Vertreter – und die Schwachen, Verwundeten und Ohnmächtigen werden stattdessen marginalisiert, verdrängt, erneut verletzt oder zum Schweigen gebracht. Was für ein Verrat am Evangelium!

Ich fahre fort:

Vielleicht schreibe ich Ihnen aber auch, weil ich in Sachen Missbrauch innerhalb der katholischen Kirche eine ›unfreiwillige Expertin‹ bin (…). Ich musste für einige Zeit die Flucht (aus der katholischen Kirche) ergreifen, um Abstand zu den Geschehnissen zu bekommen – eigentlich um nie wieder mit ›diesem Verein‹ und seinen Vertretern in Berührung zu kommen. Wie Sie meinem Brief schon entnehmen konnten: Es ist anders gekommen. Ich habe den Weg zurück zum Glauben und sogar zur katholischen Kirche gefunden.

Ich habe sehr lange mit diesem Prozess gehadert, habe meinem eigenen Glauben misstraut, ihn für eine seltsame Form von Stockholm-Syndrom gehalten. Paradoxerweise hat mir ausgerechnet die Theologie auf diesem Weg und bei der Aufarbeitung meiner Vergangenheit sehr geholfen, weil ich mir dadurch eine eigene Deutungshoheit zurückerkämpfen konnte: Dass das Evangelium Ihrer und meiner Kirche eine Frohe Botschaft ist, die ein Kind in die Mitte stellt, in der es um die Freiheit des Menschen, seine unantastbare und gottesebenbildliche Würde geht. (…)

Für mich war die Veröffentlichung der MHG-Studie geradezu traumatisierend: Ich habe mich aus Selbstschutz jahrelang sowohl von der Kirche als auch von der ganzen Missbrauchsthematik so gut es ging ferngehalten. Die Veröffentlichung hat mich endgültig gezwungen, mich diesem Thema und somit auch meiner Vergangenheit zu stellen. In einem sehr schmerzhaften Aufarbeitungsprozess habe ich ›dem Monster in die Augen gesehen‹, habe mich ganz auf die Emotionen und die Erinnerungen eingelassen, gelernt sie auszuhalten, zu ordnen – und sie schließlich zu überwinden. Und nicht nur das, sondern es ist mir auch gelungen, gestärkt und mit viel Kampfgeist und Veränderungswillen daraus hervorzugehen.[13]

Zu diesem Zeitpunkt habe ich tatsächlich noch die – zugegebenermaßen etwas naive – Vorstellung, dass sich der eine oder andere uneinsichtige bischöfliche »Härtefall« vom Zeugnis einer Betroffenen in irgendeiner Weise erweichen und bewegen lassen würde. So appelliere ich weiter:

Blicken Sie in die Abgründe, suchen Sie einen ehrlichen und direkten Kontakt zu den Betroffenen, stellen Sie sich dieser Situation, lassen Sie sich emotional darauf ein, lassen Sie sich verwunden, ordnen Sie Ihre Gedanken hierzu – und wandeln Sie schließlich alles in die Kraft, für eine auch fehlbare, aber dadurch menschlichere, glaubwürdigere, erneuerte Kirche zu kämpfen.

Denn Ihre Kirche ist jetzt auch wieder meine Kirche und ich will nicht, dass sie mir ein zweites Mal genommen wird – durch Untätigkeit, durch mangelnden Veränderungswillen, durch einen erneuten Glaubwürdigkeitsverlust. (…)

Deshalb: Raufen Sie sich zusammen! Machen Sie sich bewusst, dass es eventuell schon fünf nach 12 ist! Halten Sie sich an die Fakten (Sie haben das ›Glück‹, dass es eine wissenschaftliche Studie inklusive dem Kapitel Empfehlungen zu diesem Thema

gibt!)! Lassen Sie sich erschüttern und schöpfen Sie Kraft da-
raus! Wagen Sie mehr Augenhöhe mit den Gläubigen, mehr
Gewaltenteilung, mehr Kinderschutz, mehr ›Frau‹, mehr Ein-
tracht um der Sache willen – sprich: mehr Evangelium!

Mit freundlichen Grüßen[14]

Am Ende meines offenen Briefes stehe ich vor der Frage, wie ich ihn am besten unterschreibe. Zu diesem Zeitpunkt ist es für mich noch unvorstellbar, etwas zum Thema Missbrauch unter meinem eigenen Namen zu veröffentlichen und mich so als Be- troffene zu »outen«. Zu groß ist immer noch die Angst vor Pater Dietmar, vor dem Engelwerk und vor negativen und stigmatisie- renden Reaktionen in meinem Umfeld. Zudem wissen zu die- sem Zeitpunkt lediglich mein Mann, meine Familie und mein Gemeindepfarrer von diesem Teil meiner Vergangenheit.

Um den Platz nach »Mit freundlichen Grüßen« nicht völlig frei zu lassen, setze ich unter das Schreiben meine Initialen J. B. – aber unter welchem Namen und unter welchen E-Mail-Adresse soll ich mich an die Feinschwarz-Redaktion wenden? Ich be- ginne zu grübeln. Ich suche nach einem Namen, der meinen Missbrauchshintergrund verrät, mit dem ich mich aber mög- lichst nicht selbst preisgebe.

Von allen drei gängigsten Bezeichnungen für Menschen, de- nen Missbrauch geschehen ist – also Opfer, Betroffene(r) und Überlebende(r) – spricht mich das Wort »Überlebende« (oder noch besser das englische *survivor*) am ehesten an. Beim Begriff »Opfer« schwingt sprachlich immer noch sehr das Passive, das In-die-Ohnmacht-Gedrängte, Wehr- und Hilflose mit, das der Missbrauch ja definitiv mit sich bringt. Aber es belässt den Be- zeichneten eben in dieser ausgelieferten Position.

»Betroffener«, wie die MHG-Studie schreibt, klingt in meinen Ohren fast zu sanft für die Abgründigkeit eines Missbrauchsgeschehens und lässt den Gewaltfaktor hinter den Taten verschwinden. Zudem ist diese Bezeichnung nicht missbrauchsspezifisch, denn betroffen kann man von vielem sein: von Naturkatastrophen, von Diebstahl, von Benachteiligung und eben auch von Missbrauch.

Beim Wort »Überlebender« und *»Survivor«* schwingt dagegen etwas Aktives, etwas Selbstbestimmtes und Selbstermächtigendes mit. Mein Pseudonym sollte also das Wort *»Survivor«* beinhalten. Da ich zur Kategorie besonders frankophil gehöre, habe ich schließlich einen Einfall: Ich erstelle mir eine neue E-Mail-Adresse, schreibe eine kurze Erklärungs-Nachricht an Feinschwarz.de und unterschreibe mit meinem neuen Pseudonym: *»Madame Survivante«.*

Etwas nervös, aber auch mit einem Gefühl der Befreiung schicke ich meinen Leserbrief ab. Prompt bekomme ich eine positive Antwort vonseiten der Redaktion: Man wird meinen Brief am nächsten Tag auf der Hauptseite veröffentlichen. Gespannt warte ich die Veröffentlichung ab und erhalte tatsächlich einige ermutigende Rückmeldungen von Leserinnen und Lesern – aber von den Bischöfen (denen ich meinen Brief teilweise sogar persönlich per E-Mail schicke): Schweigen. Auf meine Nachfrage erhalte ich mehrfach die Antwort, man reagiere prinzipiell nicht auf anonyme Schreiben.

Um meinem offenen Brief etwas mehr Reichweite zu geben und da ich schon des Öfteren bei Twitter auf interessante Artikel, Veranstaltungen und Beiträge gestoßen bin, nutze ich mein neues Pseudonym, um endlich auch einen eigenen Twitter-Account zu eröffnen. Hier kann ich unter dem Namen »Madame Survivante« über all die Dinge schreiben, die mich umtreiben, die mich (ver-)zweifeln lassen, die mich ohnmächtig machen und für die ich noch keinen passenden Erzählraum gefunden habe. Darüber hinaus befreit mich Twitter auch aus meinem Gefühl des Vereinzeltseins, denn ich stoße dort zum einen auf andere starke und mutige Betroffene, mit denen ich mich austauschen und vernetzen kann. Zum anderen finde ich dort offene, die Kirche anders und neu denkende Theologinnen und Theologen, für die mein Betroffenenhintergrund kein Stigma darstellt.

Für mich, die ich mich lange alleine und ohnmächtig mit meinen »wunden Punkten« gefühlt habe, eröffnet sich mir vom Schreibtisch aus eine neue Welt.

Das Schweigen brechen

Kurz davor habe ich noch etwas gewagt – ein erster, ungeplanter und kleiner Schritt aus meinem Schweigen und aus meiner Isolation heraus, bei dem ich mich bis heute frage, was mich damals eigentlich angetrieben hat: Im Februar 2019 erfahre ich zufällig von einer Tagung in Würzburg, die den Titel »Nicht ausweichen. Theologie angesichts der Missbrauchskrise« trägt. Spontan und aus einem inneren Impuls heraus melde ich mich an und mache mich auf den Weg. Auf der Tagung sprechen viele interessante Referierende: Dort erlebe ich die bereits erwähnte Theologin und promovierte Philosophin Doris Reisinger, die exakt im selben Alter ist wie ich. In ihrem ersten, 2014 erschienenen Buch *Nicht mehr ich. Die wahre Geschichte einer jungen Ordensfrau* berichtet sie von den spirituellen und sexuellen Missbrauchserfahrungen, die sie als junge Frau in einer geistlichen Gemeinschaft machen musste. Auch sie hatte lange geglaubt, dass ihre Geschichte ein Einzelfall sei. Die Lektüre hat mir jede Menge schmerzvoller Déjà-vus, aber zum anderen auch jede Menge Klarheit und einen großen Schub Mut verschafft.

Außerdem treffe ich dort Kai Christian Moritz, der als Betroffener einen aufrüttelnden Vortag hält. Mit ihm unterhalte ich mich kurz in der Kaffeepause. Anderthalb Jahre später werden wir uns beim »Casting« für den Betroffenenbeirat wieder begegnen und kurze Zeit später gemeinsam für das Sprecherteam des Beirates benannt. Er wird für mich nicht nur ein Kollege, sondern auch ein Freund werden, ohne dessen Support ich die Folgezeit nur halb so gut überstanden hätte.

Schließlich steht eine Podiumsdiskussion zum Thema »Theologie und Missbrauch« mit anschließender Fragerunde mit dem Publikum auf dem Programm. Ich weiß bis heute nicht, was mich damals angetrieben hat, aber auf einmal stehe ich auf, melde mich und fange mit zitternder Stimme an zu sprechen: davon, dass ich nicht nur von der Theologie-, sondern auch von der Betroffenenseite komme, dass sexueller Missbrauch im Rahmen der Kirche immer auch geistlicher Missbrauch ist, dass die Theologie, theologische Denk- und Sprachmuster im Lichte der Missbrauchskrise beleuchtet und verändert werden müssen.

In dem Moment, in dem ich mich als Betroffene »oute«, bin ich für die anderen Tagungsgäste mit einem Schlag nicht mehr die blonde Frau in Reihe 10, sondern eine Missbrauchsbetroffene. Nach meinem kurzen Statement setze ich mich mit schamrotem Kopf wieder auf meinen Platz, aber zum Glück bekomme ich in der anschließenden Pause von einigen Tagungsteilnehmerinnen und Teilnehmern positives und bestärkendes Feedback.

Darüber hinaus hat die Tagung noch eine weitere Folge für mich: Ein paar Tage später bedanke ich mich per Mail bei Theologieprofessor Matthias Reményi, dem Veranstalter des Symposiums, für sein Engagement, seinen Mut und sein ehrliches Ringen als Theologe angesichts der Abgründe der Missbrauchskrise. Im Zuge unseres Mailverkehrs schicke ich ihm schließlich – aus Anschauungsgründen – den Text, den ich mir mitten in meiner Aufarbeitung von der Seele geschrieben habe. Er ist erschüttert über meine Schilderungen, ermutigt mich und bietet mir seine Unterstützung an. Darüber hinaus informiert er mich, dass er einen Sammelband zur Tagung plant, und fragt mich, ob ich mir vorstellen könnte, dafür meinen Text zur Verfügung zu stellen. Nach 24 Stunden Bedenkzeit sage ich zu und gebe meine Geschichte frei. Dieser Beitrag ist das Persönlichste und Intimste, das ich je geschrieben habe. Gleichzeitig habe ich die Hoffnung, dass sich so vielleicht andere Betroffene darin wiedererkennen und bestärkt fühlen könnten, so wie mich andere Betroffene bestärkt haben. Zudem will ich auf diese Weise auch generell für das Thema Missbrauch und seine Folgen sensibilisieren.

Eine Veröffentlichung unter meinem richtigen Namen kommt für mich zu diesem Zeitpunkt nicht in Frage, also entscheide ich mich wieder einmal für ein Pseudonym: *Magdalena Fischer* – in Anlehnung an Maria Magdalena. Obwohl ich ein Pseudonym gewählt habe, sehe ich der Veröffentlichung des Sammelbands *»Nicht ausweichen. Theologie angesichts der Missbrauchskrise«*[15] mit Spannung und Nervosität entgegen. In meinem Umfeld ist fast niemand darüber informiert, was zu teilweise kuriosen Situationen führt. So bekomme ich zum Beispiel ausgerechnet von meiner Mutter – die ebenfalls nichts von meinem Buchbeitrag weiß – einen Zeitungsartikel über das besagte Buch zugeschickt, versehen mit einer Notiz: »Das könnte dich interessieren«.

In den folgenden Monaten melde ich mich bei Twitter immer wieder als *»Madame Survivante«* zum Thema Missbrauch zu Wort, bringe mich auf Tagungen zu diesem Thema ein und vernetze mich mit anderen Betroffenen. Und einerseits erlebe ich bei einer wachsenden Zahl von Theologieprofessorinnen und -professoren sowie Kirchenverantwortlichen eine wachsende Sensibilität für die Missbrauchsproblematik und ein Bewusstsein für die Dringlichkeit von Reformen. Andererseits habe ich immer noch das Gefühl, dass einige Kirchenvertreter sich immer noch nicht der Dramatik und Dringlichkeit des Missbrauchskomplexes bewusst sind. Ich habe den Eindruck, dass sie sich weiter kategorisch den Ergebnissen und Empfehlungen der MHG-Studie verweigern und dass sie das vermeintlich unveränderbare und heilige Lehramt über den Schutz der Menschen stellen.

Eine verletzliche oder eine verletzende Kirche?

Da ist sie wieder, die brennende Frage, ob ich angesichts dessen in dieser Kirche, in der ich gerade erst wieder meinen Platz gefunden habe, bleiben kann – und ich tue das, was mir am besten hilft gegen dieses Gefühl der Machtlosigkeit: Ich schreibe dagegen an und verfasse zu Ostern 2020 meinen zweiten *Feinschwarz*-Brief an die deutschen Bischöfe.

Sehr geehrte Herren Bischöfe,

Ostern und Weihnachten sind Hochfeste des liturgischen Jahres – aber zugleich auch Hochfeste einer in Christus offenbarten Verletzlichkeit. An Weihnachten feiern wir, dass Gott sich uns nicht in einer pompösen Machtdemonstration, sondern zutiefst verletzlich zeigt – als ein hilfloses, schutzbedürftiges Neugeborenes, das in eine menschliche, allzumenschliche Umgebung hineingeboren wird.

An Ostern schließt sich dieser Kreis: Ostern ist der Moment der ultimativen, fundamentalen Verletzung. Es ist der Kristallisationspunkt, die Kernschmelze der Vulnerabilität – wenn der Menschensohn Gottes am Kreuz, dem schlimmsten Foltergerät seiner Zeit, unter schrecklichen Qualen zerbrochen und getötet wird. Wenn Gott als Mensch den letzten Schritt wagt, um auch den düstersten Winkel des Menschseins zu durchwandern. Und genau in diesem Moment der absoluten Verletzlichkeit, des Zerreißens des Vorhangs, der absoluten Demaskierung, in dem die Zeit für einen Moment still steht, wendet sich das Blatt hin zum Unerwarteten, zum Guten und zum Erlösenden. Denn Verletzlichkeit ist immer auch ein Angebot, eine Aufforderung an ein Gegenüber, sich auf einen fragilen Moment einzulassen, sich zu öffnen, sich verwandeln zu lassen und zu glauben.

Wenn Gott als Mensch den letzten Schritt wagt, um auch den düstersten Winkel des Menschseins zu durchwandern.

Die jesuanische Kraft der Verletzlichkeit zeigt sich aber nicht nur am Beginn und am Ende des Lebens Jesu, sondern auch in seinem Wirken in der Zwischenzeit: in seiner Hinwendung zu den Schwachen, den Randfiguren, den Kindern, den Angefochtenen, den Sünderinnen und Sündern – sprich: den Verletzlichen – und in seiner Ablehnung jeglicher Formen politischer, gesellschaftlicher und religiöser Vulneranz.

Wenn wir dieses Jahr Ostern feiern, können und dürfen wir nicht nur auf die damaligen Geschehnisse blicken. Wir müssen uns fragen: Als was für eine Kirche feiern wir jetzt Ostern? Als eine verletzliche oder als eine verletzende Kirche?

Wenn man die innerkirchlichen Zustände in den letzten Jahrzehnten betrachtet, senkt sich die Waage erschreckend hin zur Vulneranz[16]. Zu schwer wiegen das Begünstigen, das Begehen und das anschließende Vertuschen von sexuellem Missbrauch, zu schwer die nichtexistente Geschlechtergerechtigkeit (was eine eklatante Diskrepanz zur allgemeinen gesellschaftlichen Entwicklung darstellt), zu schwer die klerikalistischen und Machtmissbrauch befördernden Strukturen. Sollte dieses Ungleichgewicht nicht beendet und ein radikales Umdenken, eine umfassende Metanoia vollzogen werden, dann kippt das Ungleichgewicht in einen Abwärtssog. Deshalb muss unser aller, aber besonders Ihr Ziel eine grundlegende Verwandlung hin zu einer vulnerablen Kirche sein!

Einer Kirche, die Verletzlichkeit wagt und so nicht den institutionellen Selbstschutz, sondern den Schutz anderer über alles stellt, und die die missbrauchsgenerativen Strukturen radikal reformiert, um so weitere Opfer zu verhindern.

Einer Kirche, die Verantwortung übernimmt, in der ›mea culpa‹ nicht zu einer hohlen Phrase wird und die die befrei-

ende und heilende Kraft des eigenen Schuldeingeständnisses entdeckt.

Einer Kirche, die die Vulnerabilität anderer nicht instrumentalisiert, beispielsweise indem sie Frauen durch Verweise auf eine vermeintlich ›marianische Zartheit‹ von einer umfassenden Teilhabe ausschließt, sondern in der Frauen ihre Charismen und Berufungen unbegrenzt ausleben können.

Einer Kirche, die vulnerante Strukturen und hierarchische Machtasymmetrien aufbricht und mehr Augenhöhe und Demokratisierung wagt.

Einer Kirche, die Caritas nicht nur formal, sondern aufrichtig und glaubwürdig vorlebt, indem sie sich – gerade jetzt – verletzlich und offen für die Vulnerabilität anderer zeigt, sich zur sicheren Schutzinstanz für die Schwachen, Verletzten, Ausgegrenzten und Benachteiligten macht und so zu einem Ort des glaubwürdig gelebten Evangeliums wird.

Und es liegt besonders in Ihren Händen, was die Zukunft bringen wird: Einen Niedergang oder ein Über-sich-Hinauswachsen, ein Begrabenwerden oder eine Auferstehung.

In diesem Sinne wünsche ich Ihnen drei (im wahrsten Sinne des Wortes) besinnliche Kartage und ein gutes Zugehen auf Ostern.

Mit freundlichen Grüßen
»Madame Survivante«[17]

Und wieder ernte ich von bischöflicher Seite nichts als Schweigen.

SCHULD UND ENTSCHULDIGUNG

Ich blicke auf die Uhr. Ich weiß, dass eine andere Pater-Dietmar-Betroffene, dank der ich in meinem Aufarbeitungsprozess nun nicht mehr alleine bin, heute ihre Aussage auf dem Polizeirevier macht. Jetzt müsste der Termin vorbei sein. Also schreibe ich ihr schnell eine WhatsApp-Nachricht, um mich zu erkundigen, wie es ihr ergangen ist. Sie antwortet mir prompt und berichtet von der verständnisvollen, einfühlsamen und kompetenten Polizistin, bei der sie sich – im Gegensatz zu ihren Kontakten mit den kirchlichen Behörden – das erste Mal seit Beginn ihrer Aufarbeitung in guten Händen gefühlt habe.

Die Staatsanwaltschaft kann einen Priester für eine Missbrauchstat jedoch nur nach den staatlichen Gesetzen verurteilen. Wie die Kirche mit einem Täter umgeht, regelt das weltweit gültige Kirchenrecht. Wie mit einem beschuldigten Priester verfahren wird, das entscheidet allein die Kirche. Die Höchststrafe stellt die Entlassung aus dem Klerikerstand dar, daneben kann ihm aber auch verboten werden, öffentlich die Sakramente zu spenden, Seelsorge zu betreiben oder mit Kindern und Jugendlichen zu arbeiten.

Ich kenne inzwischen viele Betroffene, aber darunter keine einzige Person, die im Laufe ihres kirchlichen Verfahrens nicht irgendwelche negativen Erfahrungen machen musste. Immer wieder berichten Betroffene, dass ihre Schilderungen von kirchlicher Seite angezweifelt oder bagatellisiert wurden, dass sie inkompetenten, uninformierten, unsensiblen und traumapsychologisch unerfahrenen Mitarbeiterinnen und Mitarbeitern ausgesetzt waren und dass sie teilweise sogar unvorbereitet mit dem beschuldigten Priester konfrontiert wurden und am Ende wog viel zu oft der Schutz der Täter und der Institution Kirche mehr als der Schutz der Opfer.

Erschwerend kommt hinzu, dass Betroffene in einem kirchlichen Strafprozess nicht Nebenklägerinnnen und -kläger sein können. Auf diese Weise werden ihnen elementare Rechte wie in staatlichen Strafprozessen verwehrt: Sie haben keine Akteneinsicht, können keine Anträge, z.B. für das Strafmaß, stellen und sind nicht bei der Durchführung des Prozesses dabei. Damit werden ihnen grundlegende Rechte verwehrt, die in einem demokratischen Rechtsstaat selbstverständlich sind.

All diese Missstände sind nicht nur rechtlich, sondern auch psychologisch gesehen hochproblematisch, bergen sie doch ein unglaublich großes Retraumatisierungspotenzial: Als Betroffener muss man nicht nur wiederholt *en détail* seinen Fall schildern, sondern man wird obendrein wieder in eine Ohnmachtsposition gedrängt. Wieder werden die Vorgänge der eigenen Kontrolle entzogen, wieder steht man hilflos einem undurchsichtigen und übermächtigen kirchlichen Machtapparat gegenüber, wieder fühlt man sich ausgeliefert.

Eine Reform des katholischen Kirchenrechts fordert auch der im Herbst 2021 veröffentlichte Bericht der Unabhängigen Missbrauchskommission (CIASE) in Frankreich. Die 2500-seitige CIASE-Studie weist darauf hin, dass die Betroffenen schlichtweg »keinen Platz« im kanonischen Recht haben und dass das Kirchenrecht »sehr schlecht an die Unterdrückungsmechanismen von sexueller Gewalt angepasst ist« und »in einer so sensiblen Angelegenheit wie dem sexuellen Missbrauch von Kindern völlig unzureichend hinsichtlich der Standards fairer Verfahren sowie der Menschenrechte ist.«[18] Die CIASE-Studie empfiehlt deshalb, erstens, eine klare Definition der Straftaten in den Codici des kanonischen Rechts und seiner Durchführungsgesetze durch die Festlegung einer Skala der Schwere der Straftaten und durch die Verteilung einer Sammlung von Rechtsprechungen in dieser Angelegenheit. Zweitens müsse das kanonische Strafverfahren reformiert und an grundlegende Regeln für ein faires Verfahren angepasst werden, damit den Opfern ein Platz im kanonischen Verfahren zugesprochen wird – was bis heute nicht der Fall ist.[19] Darüber hinaus fordert die CIASE-Studie »die Beschreibung von sexueller Gewalt, die an Kindern und vulnerablen Personen begangen wird, im kanonischen Recht als Verstoß gegen das sechste Gebot (›Du sollst nicht ehebrechen‹) durch einen Verstoß gegen das fünfte Gebot (›Du sollst nicht töten‹) zu ersetzen.«[20] Die CIASE-Kommission hatte den Missbrauch in der katholischen Kirche in Frankreich seit 1950 untersucht und kam zu dem erschreckenden Ergebnis, dass es seitdem schätzungsweise 216.000 minderjährige Opfer sexueller Übergriffe durch Priester und Ordensleute gegeben hat.

Die Aussage

Da ich davon ausgehe, dass mein Fall strafrechtlich verjährt ist (was in der Regel fünf bis zwanzig Jahre nach Beendigung der Tat der Fall ist), verzichte ich zunächst auf eine entsprechende Anzeige. Im Kirchenrecht beträgt die Verjährungsfrist dagegen 20 Jahre und sie beginnt erst mit dem 18. Geburtstag der Betroffenen und kann in schweren Fällen sogar aufgehoben werden. Also entscheide ich mich, zumindest kirchenrechtlich gegen Pater Dietmar vorzugehen.

Und auch ich muss ähnliche problematische Erfahrungen im Zuge meines kirchlichen Verfahrens machen. Für mich war der Schritt, vor einem Kirchengericht eine Aussage gegen Pater Dietmar zu machen, von extremen Ängsten begleitet. Zwischen meinem Entschluss zu diesem Schritt und zu seiner Durchführung vergeht deshalb tatsächlich über ein Jahr. Ich habe Angst davor, stundenlang meinen Fall in aller Ausführlichkeit vor einem kirchlichen »Tribunal« schildern zu müssen. Ich habe Angst davor, meinen Fall und auch mein Schicksal eben jenem undurchsichtigen kirchlichen Apparat auszuliefern (ich sage in diesem Kontext gerne scherzhaft, dass meine intensive Beschäftigung mit den Werken Kafkas im Rahmen meines Studiums die perfekte Vorbereitung für ein kirchliches Verfahren dargestellt hat). Und vor allem habe ich extreme Angst davor, dass auf internen Wegen mein Name und meine Adresse an Pater Dietmar und besonders an das Engelwerk, dem er zumindest früher angehört hatte, weitergeleitet werden könnten – und ich somit mich oder noch schlimmer: meine Kinder in Gefahr bringen könnte.

Für Außenstehende mag diese Sorge übertrieben erscheinen, aber wer Vertreter des Engelwerkes, ihre toxische, krude und bedrohliche Ideologie aus Engeln, Dämonen und Höllenstrafen sowie den Fanatismus ihrer Vertreter einmal erlebt hat, der kommt zu einem anderen Schluss. Ich empfehle in diesem Zusammenhang gerne die Lektüre des Wikipedia-Eintrages zum Engelwerk, der sich wie ein Dan-Brown-Roman liest, sich aber leider mit meinen Erfahrungen deckt.

Und da ist noch ein Angst-Aspekt, der mit dem Engelwerk zu tun hat: Von Pater Dietmar habe ich den, der Ideologie des *Opus Angelorum* nahestehenden, Merksatz gelernt, wonach Kinder, die Priestern nicht in die Augen sehen können, von Dämonen besessen seien.[21] Was dieser Satz mit mir als Mädchen, *das* diesem Pater irgendwann vor Scham nicht mehr in die Augen sehen konnte, gemacht hat, muss ich vermutlich nicht weiter ausführen. Dieser Satz gehört zu den Dingen, die ich besonders tief in meinen Erinnerungen vergraben habe. Aber jetzt, wo ich erwäge, meinen Fall auch kirchenrechtlich anzugehen, ist der Satz auf einmal wieder da und verfolgt mich in meinen ohnehin schlaflosen Nächten: »Kinder, die einem Priester nicht in die Augen sehen können, sind von Dämonen besessen.« Und in mir – die ich doch jetzt immerhin eine erwachsene, rationale Frau bin – beginnt das Gift sofort wieder seine Wirkung zu entfalten: Wie kann ich es wagen, einen Priester anzuzeigen? Hat Pater Dietmar vielleicht doch recht – bin ich hier die Böse und von Dämonen besessen? Und vielleicht bin ich ja selber schuld an allem, was passiert ist? ...

Im Herbst 2019 nehme ich nach längerem Zögern endlich Kontakt mit der Missbrauchsbeauftragten unseres Bistums auf und bitte um einen Gesprächstermin im Vorfeld einer potenziellen Aussage. Pater Dietmar lebt zwar inzwischen in einem anderen Land, aber ich will versuchen, zu erreichen, dass ich meine Aussage stellvertretend in meinem vertrauteren Heimatbistum tätigen kann. Am Telefon schildere ich der Missbrauchsbeauftragten unter Tränen meinen Fall und bekomme schnell einen Termin bei ihr.

Als ich voller Angst und in aufgewühltem Zustand zu unserem offiziellen Gespräch erscheine, empfängt sie mich direkt mit einer guten Nachricht, die in mir zumindest ein wenig Hoffnung und Vertrauen wachsen lässt: »Sie haben mir ja berichtet, dass der betreffende Pater herumreist und in verschiedenen Diözesen Exerzitien anbietet – so auch in unserem Bistum. Ich wollte Ihnen nur vorab sagen, dass die ›Schweigeexerzitien für Frauen‹ in unserer Diözese untersagt wurden und ihm ein Arbeitsverbot bei uns ausgesprochen wurde.« Mir fällt ein großer Stein vom Herzen. Man glaubt mir, man nimmt mich ernst und handelt proaktiv. Erleichtert blicke ich nun unserem Gespräch entgegen.

Nach dieser erleichternden und ermutigenden Erfahrung werde ich jedoch einige Wochen später, am Tag meiner Aussage, schnell mit der wesentlich härteren Realität dieses Verfahrens konfrontiert: Ich werde in ein Dachzimmer des Offizialats, der bischöflichen Gerichtsbehörde, geführt und dort bin ich alleine mit dem Offizialatsmitarbeiter – eine Gesprächssituation, die für mich gerade aufgrund meiner Missbrauchsvergangenheit ohnehin mit Ängsten besetzt ist. Ich muss über Stunden meinen Fall schildern und die ganze Zeit habe ich das Gefühl, dass ich gegen eine »Wand des Zweifels« anspreche. Als mir zwischendurch die Tränen kommen, reicht mir der Mitarbeiter peinlich betreten eine Packung Taschentücher.

Als meine Zeuginnenaussage beendet ist, verlasse ich wie benommen das Offizialat. Ich bin geradezu unter Schock, kann meinen Körper nicht mehr spüren und stehe völlig neben mir. Aber ich will unbedingt schnell nach Hause fahren und Abstand zu diesem Ort bekommen. Ich steige immer noch wie gelähmt ins Auto und starte den Motor. »Kinder, die einem Priester nicht in die Augen sehen können, sind von Dämonen besessen.« Ich fahre los – und krache vor lauter Benommenheit mit meinem Auto gegen die Parkhauswand.

Wochenlang erwarte ich angstvoll irgendwelche Rückmeldungen, Informationen oder auch (bedrohliche) Reaktionen seitens der KPE oder des Engelwerkes, aber nichts passiert. Aus den Wochen werden Monate. Mehrmals versuche ich, telefonisch Informationen zum Stand des kirchenrechtlichen Verfahrens zu erhalten, werde aber nur von Person zu Person weiterverwiesen. Nach fast einem Jahr erfahre ich – wiederum nur auf hartnäckiges Nachfragen meinerseits –, dass der Fall zunächst in das aktuelle Heimatbistum von Pater Dietmar und jetzt nach Rom an die Glaubenskongregation weitergereicht wurde. Wieder mehrere Monate später bekomme ich mitgeteilt, dass ein Verfahren eröffnet wurde und der Fall nun vor einem Kirchengericht in einer anderen deutschen Diözese behandelt wird.

In der Zwischenzeit muss ich feststellen, dass Pater Dietmar weiter als Priester aktiv ist, weiter Schweigeexerzitien für Frauen sowie Skifreizeiten geistlich begleitet und weiter uneingeschränkt die Beichte abnimmt. Entsetzt über diese Feststellung wende ich mich an seinen Ordensoberen und hake nach. Er informiert mich darüber, dass Pater Dietmar bis zum Ende des Verfahrens nicht mehr mit Kindern und Jugendlichen seelsorgerlich tätig dürfe. Ihm generell seelsorgerliche Tätigkeiten wie die Beichte zu verbieten, halte er aber nicht für angemessen.

Aber es ist ein Leichtes, herauszufinden, dass auf dieser Freizeit natürlich doch Jugendliche willkommen sind. Von diesen entlarvenden Belegen zeigt sich der Ordensobere jedoch nicht beeindruckt und versucht wieder, mich mit pastoralen Worten abzuwimmeln. Auch das dazugehörige Bistum fühlt sich nicht zuständig. Und so dreht sich das undurchsichtige und zermürbende Karussell des kirchlichen Verfahrens immer weiter – bis zum heutigen Tag. Tatsächlich ist es – Ironie des Schicksals – ausgerechnet die KPE selbst, die, im Glauben, es würde bereits zivilrechtlich ermittelt, ein staatliches Verfahren ins Rollen bringt, denn ich bin von Anfang an davon ausgegangen, dass mein Fall verjährt ist. Kurze Zeit später machen sowohl ich als auch eine andere Betroffene eine Aussage auf dem Polizeirevier. Einige Wochen später wird uns allerdings bestätigt, dass unsere Fälle bereits verjährt sind.

»Hat er sich bei Ihnen entschuldigt?«

Auch meine Erfahrungen mit den polizeilichen Ermittlungen heben den Kontrast zum kirchlichen Verfahren noch einmal deutlich hervor. Dabei wird mir vor allem ein Aspekt besonders bewusst, den die eingangs erwähnte Betroffene ebenfalls in ihrer SMS zur Sprache bringt: Sie berichtet mir, dass sie von der Polizistin – wie selbstverständlich – gefragt wurde, ob sich Pater Dietmar bei ihr entschuldigt habe, und dass ihr in dem Moment klarw urde, was für eine Bedeutung das eigentlich für sie hätte.

Hat er sich bei Ihnen entschuldigt?

Diese Frage klingt seitdem in mir nach und wirft viele Fragen in mir auf: Wie kann es sein, dass diese von der Polizistin so selbstverständlich gestellte und doch ethisch-moralisch hochrelevante Frage ausgerechnet von einer Staatsbeamtin und kein einziges Mal von Seiten der Kirche bzw. von einem Kirchenverantwortlichen gestellt wurde? Warum ist eine potenzielle Entschuldigung der Täter kein wesentliches Thema im Rahmen eines kirchlichen Verfahrens? Warum spricht man in der Kirche so oft und gerne von Schuld und Sühne, von Sünde und Vergebung, von *mea culpa mea maxima culpa*, aber so viele Täter und Verantwortliche bringen kein öffentliches Wort der Entschuldigung über die Lippen? Warum sprechen Bischöfe so gerne kollektivierend von Scham, aber so ungern von individueller Schuld? All das ist sowohl aussagekräftig als auch verheerend und eigentlich eine moralische Bankrotterklärung dieser Kirche, die sich so gerne als Moralagentur geriert – dabei wäre dies eigentlich ein kleiner Satz für einen Kirchenvertreter, aber ein großer Satz für eine Betroffene oder einen Betroffenen!

Eine Entschuldigung von Pater Dietmar, seinem Ordensoberen oder von einem zuständigen Bischof steht bis heute aus.

DIE DAMENTOILETTE
ALS ERZÄHLRAUM

»Entschuldigung, darf ich Sie mal kurz sprechen?« Die Frau ist mir vorsichtig auf die Damentoilette gefolgt und nimmt mich nun vor den Kabinen zur Seite. Von draußen hört man leise das emsige Treiben der Tagungs-Kaffeepause. Die Frau versichert sich noch kurz, ob wir auch wirklich alleine sind, dann wendet sie sich mir zu, nimmt meinen Arm und beginnt mit leiser Stimme zu erzählen: »Ich glaube, mir ist als junge Frau etwas Ähnliches wie Ihnen passiert. Ich habe noch nie mit jemandem darüber gesprochen. Da war ein Priester, bei dem ich Exerzitien gemacht habe.« Und zwischen Waschbecken und Handtuchspender, im geschützten Raum der Damentoilette, berichtet sie mir von ihren eigenen Missbrauchserfahrungen, die sie als junge Frau durch einen katholischen Priester erleben musste und über die sie so lange geschwiegen hat. Ich höre ihr zu, bin erschüttert von ihrem Bericht, stelle ab und zu eine Frage, versichere ihr meine Verschwiegenheit und versuche, ihr so gut ich kann meine Solidarität zu zeigen. Am Ende unseres Gesprächs gebe ich ihr noch meine Telefonnummer sowie die Kontaktdaten diverser Anlaufstellen. Schließlich lächelt sie, verabschiedet sich, verlässt die Toilette und verschwindet wieder im Menschengewirr der Tagung.

Die Begegnung mit dieser Frau in der Damentoilette ist kein Einzelfall. Mit großer Regelmäßigkeit geschieht es auf Veranstaltungen, in denen ich als Betroffene spreche, dass sich *mindestens* eine Frau an mich wendet und mir – fast immer im geschützten

Rahmen der Damentoilette – von geistlichem oder sexuellem Missbrauch berichtet, den sie entweder als Mädchen, Jugendliche oder als Erwachsene erleben musste. Bei digitalen Veranstaltungen ist es häufig der persönliche Chat, in dem sich andere Betroffene an mich wenden.

Die denkwürdigen Begegnungen im »Erzählraum Damentoilette« lassen mich immer wieder aufs Neue zutiefst erschüttert zurück, aufgewühlt und auch wütend: über das Leid, das über die Betroffenen gebracht wurde, über die sich immer wiederholenden, ähnlichen Muster und systemischen Ursachen, die wie ein roter Faden sämtliche Fälle durchziehen. Über die immer wiederkehrenden Berichte von einem äußerst retraumatisierenden und verheerenden Umgang der Kirchenverantwortlichen mit den mir zugetragenen Fällen. Über die vermutlich schier unermessliche Höhe der Dunkelziffer, gerade bei erwachsenen weiblichen Betroffenen. Und immer wieder hoffe ich aufs Neue, dass ich den Betroffenen, die sich mir anvertrauen, zumindest irgendwie weiterhelfen kann.

Die Kraft des Erzählens

Neben den bestürzenden Leidensgeschichten der Betroffenen und neben diesen katholischen Abgründen, die sich immer wieder vor mir auftun, zeigen diese Begegnungen aber auch noch auf etwas anderes, Positives: die Kraft des Erzählens. Wenn ich auf die Erfahrungen im »Erzählraum Damentoilette«, aber auch auf meinen eigenen Aufarbeitungsprozess blicke, so wird immer wieder deutlich, wie wichtig, ja geradezu existenziell der Akt des Erzählens über die eigenen Missbrauchserfahrungen ist – allerdings nur, wenn dieser in einem guten »Safe Space« stattfindet.

Erzählen ist befreiend und heilend – Für mich war der Moment, in dem mir das Wort »Missbrauch« an die Hand gegeben wurde, buchstäblich ein Schlüsselmoment. Mit diesem Wort-Schlüssel konnte ich endlich diesen in meinem Inneren verschlossenen Komplex an Erinnerungen und Gefühlen aufschließen, entschlüsseln, verstehen und auch (ein-)ordnen. Aber nicht nur das: Das Zu-Wort-Kommen ermöglicht es zudem auch, die eigenen Erfahrungen und Empfindungen zu verbalisieren, auszudrücken und somit »auszulagern«.

Erzählen ist verbindend – Als ich begann, mich mit meinem Missbrauchsfall zu befassen, hatte ich das Glück, dass ich auf andere KPE-Betroffene stieß, die meine Wunden und mein Schicksal teilten. Zudem fand ich, nachdem ich mich zuerst unter Pseudonym via Twitter und Co als Betroffene »geoutet« hatte, andere Betroffene, mit denen ich mich austauschen und solidarisch zusammenschließen konnte. Leider fühlen sich Betroffene oft allein mit ihren schambesetzten und schmerzvollen Erfahrungen, mit ihren Verletzungen und den daraus resultierenden Folgen. Die Tatsache, dass Missbrauch immer noch ein Tabu-Thema ist, isoliert die Opfer zusätzlich. Umso befreiender und ermutigender ist es, wenn man endlich ein Gegenüber findet, dem Ähnliches widerfahren ist, eine Person, die einfach versteht, der man nichts erklären muss und mit der man sich zum anderen verbünden kann und somit wirkmächtiger gegen Wider- und Missstände vorgehen kann.

Erzählen ist ansteckend – Wenn ich nicht im Spätsommer 2018 die Berichte einiger Betroffener aus den USA und später die MHG-Studie gelesen hätte, dann wäre dieser »Vergangenheitsknoten« in mir vielleicht erst viel später oder sogar nie geplatzt (und hätte aber in meinem Inneren weiter Schaden angerichtet). Wenn ich nicht so couragierte und starke Sprech-Vorbilder – allen voran Doris Reisinger – gehabt hätte, hätte ich vielleicht selbst nie den Mut gefunden, über meinen Fall zu erzählen und damit am Ende sogar mit meinem Namen und Gesicht an die Öffentlichkeit zu gehen. Und ich stelle immer wieder fest, dass auf einen oder eine sprechende(n) Betroffenen in der Regel mindestens eine weitere sprechende Person kommt, dass Darüber-Sprechen ansteckend sein kann, dass auch hier das Schneeballprinzip greifen kann. Je mehr Betroffene den Mut finden, zu sprechen, desto mehr können wir gemeinsam erreichen.

Und gleichzeitig können wir auch ein Sprachrohr für diejenigen sein, denen noch die Worte fehlen oder die – verständlicherweise – aus Selbstschutz nicht öffentlich sprechen möchten.

Erzählen ist Selbstermächtigung – Missbrauch ist der ultimative Kontrollverlust, der Inbegriff von Ohnmacht. Missbrauch drängt die Opfer in eine sprach- und wehrlose Defensivposition, die leider häufig noch für Jahrzehnte anhält. Durch das Sprechen über das Geschehene gelingt es aber, die aufgezwungene Mauer des Schweigens niederzureißen, sich sprachlich selbst zu ermächtigen, sich so aus der Ohnmacht zu befreien und ins Handeln zu kommen. Nicht umsonst lautet der Titel eines wichtigen und wegweisenden Sammelbandes über Missbrauch an erwachsenen Frauen in der katholischen Kirche »Erzählen als Widerstand«.

Die Schweigemauer durchbrechen – Die Dichterin Carola Moosbach, die als Kind selbst sexuellen Missbrauch erleben musste, hat die Kraft des Erzählens über die eigenen Missbrauchserfahrungen auf wunderbare und bewegende Weise in einem ihrer Gedichte zur Sprache gebracht:

Lob der Klage

Mit aller Kraft
die Schweigemauer
durchbrechen

mit Schmerz und Wut
Wortbrocken lösen
aus steinernem Mund
die Wahrheit
womöglich ins Leere
schreien
trotz allem
zum Sprung ansetzen
ins rettende
Du[22]

Die Kraft und die Macht des Erzählens kann jedoch nur ihre vielfältige Wirkung entfalten, wenn die Worte zum einen auf ein offenes, empathisches und solidarisches Ohr stoßen und wenn es zum anderen Orte gibt, in denen im wahrsten Sinne des Wortes Raum für die Geschichten geschaffen wird. Es braucht Erzählräume, in denen die Betroffenen und Verletzten endlich offen, angstfrei, ohne Scham und geschützt über ihre Verletzungserfahrungen sprechen können. Erzählräume, in denen Hilfe angeboten, Vernetzung initiiert, Veränderung angestoßen werden kann und Heilung geschehen kann. Solche Räume können konkrete vier Wände oder Veranstaltungen zum Thema Missbrauch, aber auch »Schreibräume« wie Sammelbände (wie *»Erzählen als Widerstand«*[23]), Anlaufstellen (wie www.gegengewalt-anfrauen-in-kirche.de) oder Webseiten (wie www.gottes-suche.de) sein, in denen Betroffene zu Wort kommen, Unterstützung und Hilfe erfahren und mit ihrer Geschichte etwas bewirken können. Und auch dieses Buch ist letztlich nichts anderes als mein ganz persönlicher Erzählraum.

Als ich kürzlich einem Freund von meinen Erfahrungen im »Erzählraum Damentoilette« berichtete, deutete er dies auf interessante Weise neu: »Du, die du selbst so schlimme Erfahrungen in der Beichte machen musstest, kehrst die Beichtsituation jetzt quasi um. Jetzt bietest du anderen Betroffenen einen geschützten Rahmen, um über ihre leidvollen Erfahrungen sprechen und um sich danach erleichtert fühlen zu können.«

Und tatsächlich sind, beziehungsweise wären, doch genau solche guten und sicheren Erzählräume, in denen die Verletzten, die Zum-Schweigen-Gebrachten, die Erniedrigten und Marginalisierten in die Mitte gestellt werden, in denen man ihnen empathisch, aufmerksam und kompetent begegnet und in denen sie vielleicht sogar so etwas wie Heilung erleben dürfen, doch vor allem eines: gelebtes Evangelium, um nicht zu sagen: »Gottes-Häuser«.

Aus diesem Grund sollte es sich die Kirche, nachdem sie für Jahrhunderte eine Kultur voller Tabus, Redeverbote und beschämten Schweigens (konterkariert durch den Redezwang im Rahmen der Beichte) befördert hat, dringend zur Aufgabe machen, diese Entwicklung umzukehren und genau solche guten und heilsamen »*Safe Spaces*« zu kreieren und zu fördern – besonders für die von und in der Kirche Verletzten und Missbrauchten, aber natürlich auch für alle anderen Verwundeten und Ausgegrenzten. Dort sollte die Kirche ihnen zuhören, sich von ihnen berühren lassen, aus ihren Berichten lernen, sich klar auf ihre Seite stellen, sie in ihrer Heilung unterstützen und vor allem das Gehörte dann als Handlungsmaxime für dringend notwendige Veränderungen betrachten!

WAS IST DAS FÜR EINE KIRCHE?

Ich stehe bestimmt schon seit fünf Minuten vor dem Briefkasten. Soll ich? Soll ich nicht? Aber heute ist der letzte Tag der Einsendefrist. Nach langem Zögern werfe ich das Kuvert schließlich durch den Briefschlitz.

Lange habe ich mit mir gerungen, ob ich mich für den Betroffenenbeirat bei der Deutschen Bischofskonferenz bewerben soll. Auf der einen Seite war (und bin) ich mir nicht sicher, ob ich für eine solch gremienartige Form der Betroffenenarbeit wirklich gemacht bin. Auf der anderen Seite bin ich von einigen Menschen aus meinem Umfeld sehr dazu ermutigt worden und ich habe in den Monaten zuvor zunehmend festgestellt, dass die Wirksamkeit meines anonymen Schreibtischengagements doch langsam an ihre Grenzen stößt.

Einige Zeit später werde ich zu einem Auswahlgespräch eingeladen und erfahre im Sommer 2020, dass ich in den 12-köpfigen Betroffenenbeirat berufen wurde. Mit Spannung sehe ich unserem ersten Treffen, das aus Coronagründen digital stattfindet, entgegen. Wer wird wohl noch in das Gremium berufen worden sein? Da sitzen wir nun in unseren Zoom-Kacheln, »beschnuppern« uns und beginnen direkt mit unserer Arbeit. Zum Glück ist unter meinen neuen Kolleginnen und Kollegen auch ein bekanntes Gesicht: Kai Christian Moritz, dem ich bereits auf der Tagung »Nicht ausweichen« sowie beim Auswahlgespräch begegnet bin. Zusammen mit ihm und Johannes Norpoth werde ich im Zuge der ersten Sitzung zur Sprecherin bestimmt.

Wir zwölf Beiratsmitglieder bringen die unterschiedlichsten Hintergründe, Motivationen und Geschichten mit, sind

Kirchenferne und Kirchennahe, Stille und Laute – aber trotz aller Unterschiede verbinden uns doch auf unsichtbare Weise unsere Wunden und der Wunsch, etwas im Interesse von Missbrauchs-betroffenen zu bewegen. Hier bei unserem ersten Beiratstreffen, aber auch in anderen Kontexten bin ich immer wieder aufs Neue berührt von den Begegnungen mit anderen Betroffenen, bei denen man sich ohne viele Worte versteht, man einfach nichts erklären muss und man seinen Schmerz teilen kann. Aus diesem Grund beschließe ich auch, unser zweites Beiratstreffen als Mitglied des Sprecherteams mit einem meiner Lieblingsgedichte von Rose Ausländer zu eröffnen:

Verschmerzen

Schön
wenn der verwundete Mensch
seine Narben verschmerzt
sich gesellt zum stillen Stein
zum beredeten Wasserfall
und sich erkennt
im Blick der
Nachbarpupille[24]

Seit November 2020 treffen wir uns nun schon mit großer Regelmäßigkeit, tauschen uns aus und »schauen und hauen den Bischöfen auf die Finger« – wie mein Mann unsere Tätigkeit gerne beschreibt. Obwohl bisher die meisten unserer Sitzungen coronabedingt digital stattfanden und obwohl wir immer wieder mit kleinen und großen Hürden zu kämpfen haben, bin ich doch immer wieder positiv überrascht, dass wir in den letzten zwölf Monaten durchaus einiges erarbeitet haben.

Wir Mitglieder verstehen unseren Beirat als unabhängiges Gremium und setzen alles daran, uns von keiner Seite instrumentalisieren zu lassen. Wir beraten die Bischofskonferenz in Missbrauchsfragen, melden uns aber auch mit eigenen öffentlichen Statements zu aktuellen Vorgängen und Themen zu Wort, bringen uns in den Synodalen Weg ein und engagieren uns für eine Reform des Entschädigungssystems. Darüber hinaus bemühen wir uns, auf verschiedensten kirchlichen Ebenen für die Themen sexueller und geistlicher Missbrauch zu sensibilisieren.

Der dringend notwendige kirchliche Aufarbeitungsprozess sollte am besten drei Zeitebenen umfassen:

Vergangenheit

Die katholische Kirche muss die Missbrauchs- und Vertuschungsgeschehen der Vergangenheit schonungs- und lückenlos beleuchten, ans Licht bringen und grundlegend, unabhängig, so konzertiert wie möglich und unter fester Beteiligung Betroffener aufarbeiten. Täter und Vertuscher müssen lückenlos benannt und belangt werden und den Betroffenen muss endlich vollumfänglich Gerechtigkeit widerfahren.

Leider wurde das Thema Missbrauch in der katholischen Kirche viel zu lange totgeschwiegen. Es bestand über Jahrzehnte (oder besser gesagt: Jahrhunderte) eine regelrechte Mauer des Schweigens. Wenn sich Betroffene überhaupt mit ihren Fällen an kirchliche Stellen wandten, dann wurde ihnen häufig nicht geglaubt, die Taten wurden vertuscht und die Täter viel zu oft nicht zur Rechenschaft gezogen, sondern höchstens versetzt. Und während ab den 1980er und 1990er Jahren die ersten Missbrauchsfälle in den USA, Australien und Österreich an die Öffentlichkeit drangen und dort große Wellen schlugen, blieb die Schweigemauer in Deutschland in dieser Zeit noch weitestgehend intakt. Erst als im Jahr 2010 drei ehemalige Canisius-Kolleg-Schüler mit ihren Missbrauchsfällen an den damaligen

Rektor Klaus Mertes SJ herantraten, er sich mit einem Schreiben an die betroffenen Jahrgänge wandte und dieser Brief an die Öffentlichkeit gelangte, begann die Schweigemauer schlagartig zu bröckeln: Immer mehr Betroffene meldeten sich, immer mehr Fälle wurden bekannt und immer öfter berichteten die Medien darüber. Unter diesem öffentlichen Druck war nun auch die Deutsche Bischofskonferenz gezwungen, sich dem katholischen Missbrauchsabgrund zu stellen und aktiv zu werden. Infolgedessen wurden verschiedene Maßnahmen zur Aufarbeitung und Prävention auf den Weg gebracht, die MHG-Studie in Auftrag gegeben, der Synodale Weg beschlossen und schließlich auch unser Betroffenenbeirat einberufen.

Im Juni 2020 unterzeichneten der Unabhängige Beauftragte für Fragen des sexuellen Kindesmissbrauchs Johannes-Wilhelm Rörig und der Missbrauchsbeauftragte der Bischofskonferenz, Bischof Stephan Ackermann, die »Gemeinsame Erklärung über verbindliche Kriterien und Standards für eine unabhängige Aufarbeitung von sexuellem Missbrauch in der katholischen Kirche in Deutschland«[25] – eine als Meilenstein lancierte, gemeinsame Vereinbarung zur Aufarbeitung des Missbrauches in der katholischen Kirche. Ihr zufolge sollten in allen 27 deutschen Bistümern nach einheitlichen Standards und Kriterien unabhängige Aufarbeitungskommissionen sowie Betroffenenbeiräte eingerichtet werden.

Mit diesem Schritt hätte die katholische Kirche in Deutschland nun eine – und vielleicht ihre letzte – Chance gehabt, zu zeigen, dass sie wirklich verstanden hat, wirklich umkehren will und alles daransetzt, ihre eigenen Abgründe umfassend zu beleuchten und gründlich aufzuarbeiten. Ich werde an dieser Stelle und in diesem Kontext den Konjunktiv II der Vergangenheit nicht verlassen, denn wenn man zum aktuellen Zeitpunkt den Stand – oder besser gesagt: den Flickenteppich – der Aufarbeitung in den einzelnen deutschen Diözesen betrachtet, so kommen *massive* Zweifel an ihrem Erfolg auf.

Eineinhalb Jahre nach Inkrafttreten der »Gemeinsamen Erklärung« hat lediglich die Hälfte der Bistümer eine Aufarbeitungskommission eingesetzt und nur in einem Drittel der Bistümer hat sich ein Betroffenenbeirat konstituiert. Auch was die einzelnen Gutachten zu den Missbrauchsfällen in den jeweiligen Diözesen betrifft, tut sich ein lückenhaftes Gebilde auf.[26] Jedes Bistum kocht also aktuell sein eigenes »Aufarbeitungs-Süppchen« und es gibt keine unabhängige Instanz, die den zerfasernden Aufarbeitungsprozess überwacht, kontrolliert und im Zweifelsfall sanktionierend einschreitet.

Darüber hinaus ist es mehr als fraglich, ob der katholischen Kirche, die so lange den Institutions- und Täterschutz über den Opferschutz gestellt hat, in so kurzer Zeit ein solch grundlegender Paradigmenwechsel wirklich gelingen kann. So ist es nicht verwunderlich, dass – völlig zu Recht – zunehmend Stimmen laut werden, die eine wirklich unabhängige staatliche Aufarbeitungskommission ähnlich der australischen *Royal Commission into Institutional Responses to Child Sexual Abuse* oder der österreichischen Klasnic-Kommission fordern. Hier wäre nun die Politik gefragt, entsprechende Gesetzesänderungen vorzunehmen, eine solche Kommission einzuberufen und sie mit umfangreichen finanziellen Mitteln auszustatten.

Gegenwart

Das Vergangene kann leider nicht mehr rückgängig gemacht werden. Aber die katholische Kirche kann und sie *muss* zumindest heute, im Hier und Jetzt, dafür sorgen, dass die Menschen, die diese schlimme Seite der Kirche zu Gesicht bekommen mussten, nun die bestmöglichste Seite der Institution Kirche erleben dürfen. Das bedeutet zum einen, dass die kirchlichen Verantwortlichen und Zuständigen den Betroffenen mit maximaler Empathie, Sensibilität, Augenhöhe und Kompetenz begegnen müssen, um so auch eine Retraumatisierung und eine Reviktimisierung zu verhindern.

Zum anderen bedeutet dies, dass Betroffene wie wir in der Gegenwart für die Vergehen und Verbrechen, die uns in der Vergangenheit angetan wurden, zügig, retraumatisierungsarm und vor allem unseren – teilweise lebenslangen – Leiden *angemessen* und der institutionellen Mitverantwortung der Kirche entsprechend finanziell entschädigt werden. Denn es darf nicht vergessen werden, dass die Opfer nicht nur in dem Moment des Missbrauchs an Leib und Seele geschädigt wurden, sondern dass die physischen und psychischen Folgen häufig ein ganzes Leben durchziehen, beeinträchtigen – und leider bisweilen auch völlig zerstören. Manchmal waren die Verwundungen sogar so groß, dass nicht einmal mehr ein Überleben möglich war.

Die MHG-Studie listet eine große Bandbreite an gesundheitlichen Problemen Betroffener auf: »Neben einem hohen Anteil körperlicher Beschwerden werden vielfältige psychische Symptome berichtet wie z. B. Depressionen, Angst, Schlaf- und Essstörungen, posttraumatische Symptome (Flashbacks, Albträume, Vermeidungsverhalten), Suizidalität, selbstverletzendes Verhalten sowie Alkohol- und Drogenkonsum.«[27] Aber auch im sozialen Bereich sind gravierende negative Folgen des Missbrauchs zu konstatieren. So zeigt die MHG-Studie auf, dass Betroffene häufig »Probleme in der Ausbildung und im Beruf, Probleme in Beziehungen und Partnerschaft oder sexuelle Probleme, die die gesamte Lebensplanung und -führung der Betroffenen beeinträchtigten«,[28] hatten.

All das muss bei den Entschädigungszahlungen mitgedacht und mitberechnet werden. Darüber hinaus sind bei Missbrauchsfällen im Rahmen der katholischen Kirche immer auch die dahinterstehenden und den Missbrauch mitermöglichenden kirchlichen Strukturen zu berücksichtigen. Hier geht es nicht nur um die Schuld der Täter, sondern auch um eine Mitschuld einer gesamten Institution, der ebenfalls bei den Entschädigungszahlen entsprechend Rechnung getragen werden sollte.

Leider mussten wir Betroffene feststellen, das sich das am 1. Januar 2021 vorgestellte Entschädigungsverfahren als äußerst problembehaftet erweist, denn es wird zum einen von vielen Betroffenen eben gerade nicht als heilsamer oder wirklich entschädigender Schritt wahrgenommen, sondern es wird angesichts der Intransparenz, der langen Bearbeitungsdauer, dem fehlenden Widerspruchsrechts und den niedrigeren Zahlungsumfängen vielmehr als retraumatisierend oder gar demütigend empfunden. Hier sind die Betroffenen wieder ohnmächtig einem (doch letzten Endes kirchlichen) Apparat ausgesetzt, wieder wird ihnen die Kontrolle entzogen und wieder werden sie als Objekt und nicht als Subjekt behandelt. Es braucht also dringend ein Entschädigungssystem, das retraumatisierungsarm gestaltet ist, die Anträge zügig bearbeitet, wirklich kirchenunabhängig ist und das bei seinen Zahlungen nicht nur die direkten Schädigungen durch den Missbrauch, sondern besonders auch die häufig verheerenden Folgeschäden sowie die institutionelle Mitschuld der Kirche ausreichend berücksichtigt. Es braucht eine Form von Entschädigung der Opfer, die der Schwere und Komplexität der Verbrechen Rechnung trägt, die tatsächlich zu Gerechtigkeit und Heilung beiträgt, die eine echte und auch schmerzhafte Buße darstellt und die den Namen christliche Nächstenliebe wirklich verdient!

Zukunft

Missbrauchsprävention soll sexuelle Gewalt unterbinden, bevor sie entstehen kann. Das bedeutet zum einen, dass auf allen Ebenen des kirchlichen Lebens, von der Pfarrgemeinde bis hin zur Kita, über das Thema sexualisierte Gewalt informiert und dafür sensibilisiert werden muss. Schutzkonzepte müssen etabliert und Programme angeboten werden, die Kinder und Jugendliche schützen und stärken.

Das klare Ziel sollte sein, die Kirche wieder zu einem sichereren Schutzort für die ihr anvertrauten Menschen zu machen. Dabei darf man aber nicht vergessen, dass Prävention nicht nur Schutzkonzepte und Leitlinien in den Diözesen und den kirchlichen Einrichtungen umfassen darf, sondern dass die Reform der missbrauchsbegünstigenden (Macht-)Strukturen und Denkmuster in der gesamten katholischen Kirche *auch* eine Form von Prävention darstellt! So beteiligen sich auch einige Interessierte des Beirats an den Beratungen des Synodalen Weges, arbeiten in den Foren mit und bringen dort ihre Expertise ein. Davon wird im nächsten Kapitel die Rede sein.

Die Frauenfrage

Ein Grund, warum ich mich im Zuge der Beiratsarbeit letztlich dafür entschieden habe, mein Gesicht und meine Geschichte der Öffentlichkeit preiszugeben ist der folgende: Ich habe, seit ich mich verstärkt der Betroffenenarbeit widme, zunehmend festgestellt, dass die »katholische Betroffenenszene« äußerst männerdominiert ist. Deshalb sage ich regelmäßig scherzhaft zu meinem Mann, dass ich mir für mein Engagement ausgerechnet die letzten beiden großen Männerdomänen ausgesucht habe – die katholische Kirche und den katholischen Betroffenenorbit.

Tatsächlich kommen die meisten Studien zum Thema Missbrauch an Minderjährigen in der katholischen Kirche zu dem Ergebnis, dass der Prozentsatz männlicher Betroffener höher ist, und auch das öffentliche Bild von Betroffenen im katholischen Kontext ist häufig männlich geprägt. So kam die MHG-Studie zu dem Ergebnis, das 62,8 Prozent der Betroffenen Jungen waren.[29]

Ja, leider gab es schmerzhaft viele Fälle, in denen beispielsweise Jungen in einem katholischen Internat Missbrauch geschah – aber daneben gibt es eben auch einen nicht allzu geringen Prozentsatz an Frauen, die als Mädchen, Jugendliche oder als Erwachsene Missbrauchserfahrungen machen mussten. Darüber hinaus zeigen der wegweisende Sammelband »Erzählen als Widerstand« und die vielen Fälle, die mir inzwischen bekannt sind, dass die Dunkelziffer an Frauen, die gerade als Erwachsene Missbrauch durch einen katholischen Priester erleben mussten, vermutlich *erschreckend* hoch ist!

Durch eine einseitige öffentliche Wahrnehmung und durch ein solches »Framing« laufen weibliche Betroffene Gefahr, nicht gehört und nicht gesehen zu werden und sich alleine und isoliert mit ihrem Schicksal zu fühlen. Erschwerend kommt hinzu, dass für Betroffene die Auseinandersetzung mit ihrem Missbrauchsfall oft äußerst schambehaftet ist. Sie schweigen, weil sie sich für das Geschehene schämen. Dabei sind es *nicht* die Betroffenen, die sich schämen sollten, sondern alleine die Täter!

Zudem lädt das in der katholischen Kirche immer noch verbreitete Bild der Frau als Verführerin und Sünderin noch einmal verstärkt zum empörenden Phänomen des *Victim Blamings* (zu Deutsch: Täter-Opfer-Umkehr) ein, mit dem versucht wird, die Schuld für sexualisierte Gewalt beim Opfer, seinem Verhalten oder seiner Kleidung abzuladen. Das habe ich schon persönlich erfahren. Auch ich wurde beispielsweise schon mit dem Vorwurf konfrontiert, ich hätte ja schon immer einen Hang zu kurzen Röcken gehabt oder ich hätte ja einfach zu einem anderen Priester gehen können. Deshalb darf man nie müde werden, zu betonen, dass die Schuld am Missbrauch *immer* beim Täter und *nie* beim Opfer liegt!

Umso wichtiger ist es, dass mutige Frauen wie Doris Reisinger oder die Betroffenen aus dem Sammelband *»Erzählen als Widerstand«* öffentlich ihr Schweigen gebrochen und von ihren Fällen berichtet haben. So konnten sie anderen weiblichen (erwachsenen) Betroffenen zeigen, dass sie nicht allein mit ihrem

Schicksal sind, Sprachrohr für sie sein oder sie selbst zum Sprechen ermutigen und haben durch ihre Zeugnisse bereits viele wichtige Veränderungen angestoßen. Umso notwendiger ist es, dass auch bei der Betroffenenarbeit im Kontext der katholischen Kirche darauf geachtet wird, dass bei der Aufarbeitungsarbeit und in den diözesanen Beiräten auch die Frauen stark vertreten sind und dass die Betroffenenarbeit den spezifischen Bedürfnissen weiblicher Betroffener gerecht wird.

Brennende Fragen

Seit November 2020 bin ich nun Mitglied im Betroffenenbeirat. Ich habe ihm viele berührende und ermutigende Begegnungen zu verdanken, einen größeren Wirkungsradius und viele neue und bereichernde Erfahrungen. Es sind jedoch auch einige bittere Erkenntnisse, Realitätsschocks und einige neue Wunden hinzugekommen. Verstärkt musste ich lernen, dass es zwar inzwischen durchaus ein paar ermutigende Bischöfe gibt, die die Problematik ernst nehmen, die sich den Betroffenen empathisch zuwenden und wirklich zu ihrer Heilung beitragen wollen. Daneben gibt es aber auch nach wie vor einige Bischöfe, die sich den inzwischen zahlreichen – und zu immer gleichen Ergebnissen und Empfehlungen kommenden – Studien zum Trotz immer noch der brennenden Systemfrage verweigern, die das Lehramt immer noch über den (leidenden) Menschen stellen, die sich in Sachen angemessene Entschädigung uneinsichtig zeigen, die die Aufarbeitung in ihren Bistümern verzögern oder den Betroffenen bewusste »Emotionalisierung« sowie das Heischen nach einem »unfehlbaren Lehramt« unterstellen. Vom verheerenden Signal der vom Papst nicht angenommenen Rücktritte diverser Bischöfe im Jahr 2021, die sich Pflichtverletzungen im Umgang mit Betroffenen oder sich Betroffenen gegenüber ethisch-moralisch schuldig gemacht haben, mal ganz abgesehen! Und dann sind da noch die inzwischen zahlreichen und fast immer gleich lautenden Missbrauchsgutachten, die immer wieder erschütternd hohe Zahlen benennen, die immer wieder auf erschütternde Weise aufzeigen, wie die obersten Kirchenverantwortlichen wegschauten, vertuschten, den Schutz der Institution und der Täter über den Schutz der Betroffenen stellten – und so ein Anhalten des Missbrauchsgeschehens sehenden Auges in Kauf nahmen.

Manchmal fühle ich mich angesichts all dessen einfach nur »mütend«[30] – müde und wütend: müde, weil mir vor lauter Tiefschlägen manchmal die Kraft auszugehen droht, und gleichzeitig wütend über die verletzende, kaltherzige, uneinsichtige und das Evangelium verdunkelnde Seite der Institution Kirche und ihrer Vertreter.

Und ich, die ich im Zuge meiner Beiratsarbeit immer wieder gebeten werde, Fragen zu kirchlichen Themen zu beantworten, trage selbst so viele brennende, drängende und täglich zahlreicher werdende Fragen in mir:

Was ist das für eine Kirche, die Heilsraum sein will, aber für viele ein Unheilsraum geworden ist oder immer noch wird? Was ist das nur für eine Kirche, die immer neue Wunden schlägt, statt Wunden zu heilen?

Warum sind einige oberste kirchliche Vertreter immer noch lieber »Brüder im Nebel« als Kinder des Lichts? Warum sprechen die Bischöfe auf ihrer Vollversammlung die Fürbitte »Auf dass Gott die Tränen der Betroffenen trockne« – und trocknen diese nicht selber?

Was ist das für eine Kirche, die von struktureller Sünde spricht, aber die eigenen sündhaften Strukturen nicht sehen will, und die von Wandlung spricht, sich aber selbst nicht wandeln will?

WAS IST DAS FÜR EINE KIRCHE?!

Und dann denke ich mir: Vielleicht sollte man angesichts dessen den meisten Bischöfen gleich beides entreißen und in bessere Hände übergeben: die Aufarbeitung *und* das Evangelium.

Nachtrag: Ende Januar 2022 – just als dieses Buch in den Druck gehen soll – erhalte ich eine Nachricht von einer anderen KPE-Betroffenen: »Die KPE wurde von der DBK als privater kanonischer Verband anerkannt!!!« Versehen ist ihr Hinweis mit einem Link der Homepage des Bistums Augsburg, auf der verkündet wird: »Die Katholische Pfadfinderschaft Europas (KPE) hat mit der Anerkennung als privater kanonischer Verein auf der Bundesebene und Zustimmung von Bischof Dr. Bertram Meier ihren Sitz in die Diözese Augsburg verlegt. (…) Bischof Bertram ist überzeugt: ›Die kirchliche Jugendarbeit lebt vom Reichtum der Angebote, um möglichst viele Kinder und Jugendlichen ansprechen zu können. Das gemeinsame Anliegen aller Protagonisten in der Jugendarbeit besteht darin, jungen Menschen zu helfen, ihrer Berufung auf der Spur zu bleiben. (…) In diesem Sinne freue ich mich, dass dieser Prozess zu einem guten Abschluss gekommen ist.‹«[31]

Die DBK begründet diesen Schritt damit, dass im Zuge eines mehrjährigen Prozesses eine »Neuausrichtung der KPE beraten u. Vorbehalte ausgeräumt« worden seien sowie eine »Weiterentwicklung des Verbandes wahrzunehmen«[32] sei.

Weder thematisiert die KPE in der Öffentlichkeit kritisch ihre problematische Vergangenheit und distanziert sich deutlich davon, noch findet man auf ihrer Homepage eine Erklärung, wie man in Zukunft eine sichere und schützende Umgebung für Kinder und Jugendliche garantieren will. Auch eine Bereitschaft, sich mit den eigenen missbrauchsbegünstigenden Strukturen und Denkmustern auseinandersetzen zu wollen, ist für mich persönlich nicht zu erkennen.

Der Protest der katholischen Jugendverbände BDKJ, DPSG und PSG ließ nicht lange auf sich warten. Die Verbände teilten in einer Stellungnahme mit, dass sie überzeugt seien »dass die KPE ein Verband ist, der an veralteten Rollenbildern und Gesellschaftsmodellen festhält, die nicht mit den Werten und der

Arbeitsweise von DPSG, PSG und BDKJ übereinstimmen« und dass sie »keine Grundlage für gemeinsame Kooperationen oder Zusammenarbeit in den nächsten Jahren«[33] sähen.

Ich muss zugeben, dass mich die Anerkennung der KPE zum jetzigen Zeitpunkt noch ziemlich sprach- und fassungslos macht: Während ich als KPE-Betroffene im Betroffenenbeirat der DBK mitarbeite und obwohl ich mich wiederholt öffentlich über die dunklen Seiten und die missbrauchsbegünstigenden Strukturen und Denkmuster der KPE geäußert habe, wird die KPE von der DBK offiziell anerkannt!

Ein Ritterschlag für die KPE und ein Schlag ins Gesicht für uns KPE-Betroffene.

Gut, dass bei der 3. Synodalversammlung im Februar 2022 von einigen Seiten deutliche Kritik an diesem Schritt geübt wurde: So betonte mein Beiratskollege Johannes Norpoth, die KPE stelle eine »pure Antithese zu allen Werten des Synodalen Weges«[34] dar, Peter Neher bezeichnete die Anerkennung der KPE als »unerträglich«[35] und Ulrich Hoffmann rief dazu auf, dass eine »schwarze Pädagogik« nicht wieder Einzug in die Kirche halten dürfe.[36]

Jugendbischof Wübbe bedauerte, dass der Betroffenenbeirat vor der Anerkennung nicht gehört wurde und versicherte, man werde die KPE vonseiten der DBK »»engmaschig begleiten‹ und überwachen«.[37] Es bleibt zu hoffen, dass die DBK dieser Aufgabe und Verantwortung vollumfänglich nachkommt! Wir KPE-Betroffene werden die weiteren Vorgänge sehr aufmerksam verfolgen, die DBK an ihre Verantwortung erinnern, den Finger in die Wunde legen und dafür kämpfen, dass die dunkle KPE-Vergangenheit gründlich aufgearbeitet wird und Kinder und Jugendliche in Zukunft vor geistlichem und sexuellem Missbrauch in solchen Gruppierungen geschützt werden!

TEIL 3

BLICK NACH VORN

IM ANFANG WAR
DIE MISSBRAUCHSKRISE

Es ist der 5. Februar 2021. Ich bin so aufgeregt wie noch nie zuvor in meinem Leben. Vor mir sitzen in ihren Kacheln mehrere hundert Mitglieder der Synodalversammlung. Gut ein Jahr zuvor wurde als Reaktion auf die Ergebnisse der MHG-Studie der Synodale Weg initiiert, ein auf mehrere Jahre angelegter Gesprächs- und Reformprozess, bei dem in vier Foren die katholischen Hauptproblemfelder – Macht, priesterliche Lebensform, Sexualmoral und die Rolle der Frau – auf den Prüfstand gestellt werden sollten. Die Mitglieder der Synodalversammlung warten nun, da meine Kollegen ihre guten und aufrüttelnden Statements vorgetragen haben, auf meinen Beitrag. Mein Mikro wird freigeschaltet, ich atme kurz durch und beginne dann mit vor Nervosität etwas zittriger Stimme zu sprechen:

Im September 2018 wurde die MHG-Studie veröffentlicht, die dramatische Details über tausende Missbrauchsfälle, deren Anbahnung, Ausführung und auch deren Vertuschung aus dem Dunkel ans Licht beförderte.
Die Studie benannte zudem klar systemische Probleme, zeigte missbrauchsbegünstigende Strukturen auf und sprach nicht minder klare Empfehlungen aus: eine Reform klerikalistischer Machtstrukturen, ein Überdenken der katholischen Sexualmoral, eine Auseinandersetzung mit dem priesterlichen Rollenverständnis, eine stärkere Einbindung von Betroffenen sowie eine angemessene Entschädigung u.v.m.

Unter dem Eindruck dieser erschütternden Studie sprach Kardinal Marx im Frühjahr 2019 von einer notwendigen »Zäsur« für die Kirche und so wurde – unter expliziter Bezugnahme auf den Missbrauchsskandal – der Synodale Weg geboren. Dieser Weg besaß allerdings von Anfang an eine Leerstelle. Die Menschen, um die es in der MHG-Studie primär ging und deren Zeugnisse den Ausgangspunkt des Weges darstellten – die Betroffenen –, sollten nicht fest beteiligt werden. Dieses Kein-Weiter-so stellte gleichzeitig auch ein Ohne-uns dar.

Wie gut, dass diese Leerstelle ab heute mit einigen Vertretern des Betroffenenbeirats der DBK ausgefüllt wird. Denn wer, wenn nicht Betroffene, wäre in der Lage, der MHG-Studie und den vielen hundert Seiten voller erschütternder, aber eben papierener Fakten ein Gesicht zu geben? Wer sonst könnte seine Expertise in Sachen sexualisierter Gewalt und geistlichen Missbrauchs besser einbringen? Und wer sonst könnte dem oder der einen oder anderen Synodalen, der oder die sich den Ergebnissen diverser Missbrauchsstudien weiter verschließt, ein »Aber genau das ist mir passiert« entgegenhalten?

Nur wenige Tage vor dieser digitalen Synodalversammlung haben meine Sprecherkollegen Johannes und Kai Moritz und ich erfahren, dass wir an dieser Sitzung teilnehmen und auch ein längeres Statement abgeben können. Am Abend vorher schreibe ich auf den letzten Drücker meine kleine Rede, in die ich möglichst viel hineinpacken möchte, was ich dem Synodalen Prozess schon seit Längerem mit auf den Weg geben will. Dabei brennt mir unter anderem ein Anliegen besonders auf der Seele: Von Beginn an war der Synodale Weg dem Vorwurf ausgesetzt, hierbei würde das Thema Evangelisierung zu kurz kommen. Dabei entlarven diese Kritikerinnen und Kritiker vielmehr ein äußerst enggeführtes und verzerrtes Verständnis von Evangelisierung sowie einen politisch-instrumentalisierenden Umgang mit diesem Begriff. Deshalb bringe ich genau diesen Punkt in meiner Rede zur Sprache:

> *Gerne wird in diesem Kontext auch kritisiert, dass man sich ja lieber auf die Evangelisierung konzentrieren solle. Ich bin da völlig Ihrer Meinung – die Evangelisierung darf nicht zu kurz kommen. Ich meine das allerdings anders als der oder die eine oder andere hier in dieser Runde.*
>
> *Sexualisierte Gewalt an Kindern, Jugendlichen und Erwachsenen stellt eine unfassbare Pervertierung des Evangeliums dar. Punkt.*
>
> *Alles daranzusetzen, dass diese Pervertierung beendet wird (auch wenn man dafür vielleicht seine theologische Komfortzone verlassen muss), ist Evangelisierung.*
>
> *Die MHG-Studie zeigt auf, dass sexualisierte Gewalt durch Kleriker »vor allem auch Missbrauch von Macht« ist und dass die Machtausübung in der katholischen Kirche eine hochproblematische und eine missbrauchsbegünstigende ist. Macht in der katholischen Kirche bedeutet: absolutistisch-hierarchische Asymmetrien. Macht in der katholischen Kirche ist eine ungerechte, eine verletzende, eine diskriminierende, eine instrumentalisierende, eine als ›Dienst‹ verschleierte und somit eine unkontrollierte Macht. Eine Macht, die den Schutz der Täter und der Institution viel zu lange über den Schutz der Betroffenen gestellt hat – und dies leider bisweilen immer noch tut.*
>
> *Wenn wir ins Evangelium blicken, entdecken wir aber eine ganz andere Machtform. Die jesuanische: die Macht der Augenhöhe, der Gerechtigkeit, der Verletzlichkeit, der besonderen Zuwendung zu den Verletzlichen, Ausgestoßenen und Marginalisierten und deren Integration.*

Stellt somit nicht eine umfassende Metanoia, eine (im wahrsten Sinne des Wortes) radikale Reform der missbrauchsbegünstigenden Machtstrukturen, eine Beendigung der Diskrepanz zwischen kirchlicher Botschaft und kirchlicher Wirklichkeit auch eine – wenn nicht DIE – Form von Evangelisierung dar? Sorgt nicht gerade das dafür, dass die Kirche und ihre Botschaft wieder glaub-würdiger und zukunftsfähiger werden und somit wieder besser in die Welt ausstrahlen können?

An diesen dringend notwendigen Reformbemühungen wollen sich diejenigen aus unserem Beirat, die sich für Veränderungen innerhalb der katholischen Kirche einsetzen möchten, von nun an beteiligen. Wir werden den Synodalen Weg kritisch begleiten, unsere Expertise miteinbringen, ihn mitgestalten und ihn »auf Kurs« halten, indem wir immer wieder daran erinnern, was den Ausgangspunkt dieses Prozesses bildete: die Missbrauchskrise.

So beende ich meine kleine Rede mit folgendem Bild:

Da als Nächstes der geistliche Impuls auf dem Programm stehen wird, erlauben Sie mir noch eine abschließende Bemerkung. Sie kennen sicher alle dieses Sprichwort: Kinder brauchen beides – Wurzeln und Flügel – für ein gelingendes Leben.

Diese Weisheit gilt jedoch nicht nur für Kinder, sondern sicher auch für große Vorhaben, die gelingen und Bestand haben sollen. So wie der Synodale Weg. Seit Beginn haben Maria Boxberg und Pater Hagenkord dafür gesorgt, dass dieser Weg auch ein geistlicher ist, dass er »Flügel« hat. Von nun an werden wir Betroffene dafür sorgen, dass sich dieser Weg daran erinnert, worauf er fußt, dass er »Wurzeln« bekommt und somit hoffentlich mit zu seinem Gelingen beitragen.

In diesem Sinne: auf gute Zusammenarbeit.

Schon früh habe ich mich auf besondere Weise mit dem Synodalen Weg verbunden gefühlt. Zum einen mag das daran liegen, dass die Veröffentlichung der MHG-Studie im Herbst 2018 nicht nur den Ausgangpunkt für meine eigene Auseinandersetzung mit den katholischen Abgründen, sondern auch die Initialzündung für den im Dezember 2019 gestarteten Synodalen Weg bildete. Und während ich mich mit der MHG-Studie und meiner Vergangenheit im Gepäck auf den Weg machte, um meinen Fall aufzuarbeiten und mich für Veränderungen zu engagieren, riefen die Bischöfe und das Zentralkomitee deutscher Katholiken, basierend auf den Erkenntnissen und Empfehlungen der MHG-Studie, den Synodalen Weg mit den in vier Foren 1. Macht, 2. Priesterliche Lebensform, 3. Sexualmoral und 4. Rolle der Frau ins Leben.

Zum anderen mag meine Verbundenheit mit dem Synodalen Weg auch in der Tatsache begründet sein, dass ich mich gerne als lebenden Beweis für die Notwendigkeit eben jener vier Synodalforen bezeichne. Denn mein Fall zeigt, wie eng diese vier Themen mit der Missbrauchsproblematik verknüpft sind und wie dringend sie reformiert werden müssen: 1. Ich habe selbst erleben müssen, wie ein Priester durch die Überhöhung und Sakralisierung seines Amtes einen halbgottartigen und quasiimmunen Status innehatte (Macht), 2. wie ein Priester offenbar versuchte, durch den Zölibat seine Sexualität zu verdrängen und eklatant damit scheiterte (priesterliche Lebensform), 3. wie ein Priester auf der einen Seite eine hyperrigide Sexualmoral predigte, aber auf der anderen Seite selbst eklatant dagegen verstieß (Sexualmoral), und wie er 4. jenes problematische katholische Frauenbild zur Täter-Opfer-Umkehr nutzte (Rolle der Frau).

Nicht ohne die Betroffenen!

Meine Freude über die Ankündigung des Synodalen Weges wurde aber schnell getrübt angesichts der Erkenntnis, dass man zwar offiziell die Missbrauchsstudie zum Ausgangspunkt dieses Prozesses erklärte, aber dieser Weg nun ohne die Beteiligung von Betroffenen gegangen werden sollte. Dabei könnten doch gerade sie ein besonders deutliches und aussagekräftiges Zeugnis über die Abgründe der katholischen Machtstrukturen, der Sexualmoral, des Priester- und des Frauenbildes ablegen. Für mich bildete dieser Missstand einen der vielen Gründe, warum ich mich – nach langem Überlegen – entschied, mich für den Betroffenenbeirat der Deutschen Bischofskonferenz zu bewerben. Ich spreche diesen Punkt in meinem Auswahlgespräch an, werde für den Beirat ausgewählt und habe das Glück, dass ich dort auf weitere Mitstreiterinnen und Mitstreiter treffe, für die die MHG-Studie ebenfalls eine Initialzündung dargestellt hatte und die sich ebenfalls in Sachen Reform der kirchlichen Strukturen engagieren und sich in den Synodalen Weg einbringen wollen.

Auch dank des Verhandlungsgeschicks und der Vielzahl an Verbindungen meines Sprecherkollegen Johannes Norpoth erreichen wir schließlich nicht nur, dass wir drei Sprecherinnen und Sprecher des Beirates im Februar 2021 vor der Vollversammlung das Wort ergreifen, sondern auch, dass sich alle interessierten Mitglieder unseres Beirats sich von nun an als Gastmitglieder in die Vollversammlung und in die vier Foren einbringen können. Seitdem steuern wir dort unsere Expertise bei und vor allem erinnern wir die Synodalen regelmäßig daran, was den Ausgangspunkt des Synodalen Weges und die Grundlage der vier Foren bildete: die MHG-Studie.

Der Verweis auf den Ursprung der vier Foren ist auch deshalb wichtig, weil dem Synodalen Weg nicht nur von einzelnen Bischöfen regelmäßig vorgeworfen wird, hier würde »Missbrauch des Missbrauchs« betrieben und man wolle nun – unter dem Deckmantel der Missbrauchsbekämpfung – alte Reformanliegen wieder auf den Tisch bringen. Natürlich waren die meisten Reformbestrebungen, wie der Ruf nach mehr

Geschlechtergerechtigkeit, Machtkontrolle und Partizipation, schon vor der MHG-Studie präsent und akut. Die Kluft zwischen einer demokratischen und geschlechtergerechten Gesellschaft und einer hierarchischen und diskriminierenden Amtskirche wird schließlich von Tag zu Tag größer. Aber die MHG-Studie verleiht den Reformforderungen nun noch ein zusätzliches, schwerwiegendes Argument und natürlich eine ganz neue Dringlichkeit: Wenn diese bestehenden klerikalistischen Strukturen, die hochproblematische Sexualmoral, das toxische Frauenbild und weitere riskante Denkmuster nicht umgehend reformiert werden, dann ist das nicht nur antidemokratisch, diskriminierend und ausgrenzend – sondern es ermöglicht im schlimmsten Fall sogar weiteren Missbrauch! Zudem ist der Vorwurf des »Missbrauchs des Missbrauchs« geradezu zynisch gegenüber den Menschen, die Opfer eben jener missbrauchsbegünstigenden Strukturen geworden sind. Ihre Berichte sind unwiderlegbare Zeugnisse der systemischen Abgründe der Kirche und sind so das stärkste aller Plädoyers für die Notwendigkeit von Veränderungen.

Das ist Evangelisierung!

Ein weiterer Vorwurf, dem sich der Synodale Weg immer wieder ausgesetzt sieht, lautet, man solle sich statt auf die Themen der vier Foren lieber auf die Evangelisierung konzentrieren. Aber sexualisierte Gewalt an Kindern, Jugendlichen und Erwachsenen stellt ein Verbrechen, einen Verstoß gegen die Würde und die sexuelle Selbstbestimmung eines Menschen und eine unfassbare Pervertierung des Evangeliums dar. Alles daran zu setzen, diese Pervertierung zu beenden, *ist* Evangelisierung.

Evangelisierung bedeutet darüber hinaus auch, das Prinzip der *Metanoia* zum obersten Leitmotiv zu erwählen. *Metanoia* bedeutet im genauen Wortlaut so viel wie nach- und umdenken – und genau das sei der Kirche und dem Synodalen Prozess ans Herz gelegt: ein offenes, ehrliches, freimütiges und kritisches Nach- und Umdenken. Ein Nachdenken, das den Abgrund nicht scheut, das das Dunkle, das Leid und die Verwundungen nicht ausblendet, sondern all das als theologischen Erkenntnisort wahrnimmt. Ein Nachdenken, das die verletzenden, diskriminierenden und missbrauchsbegünstigenden Strukturen in der Kirche genau beleuchtet und kritisch hinterfragt. Ein Nachdenken, das auf Scheuklappen verzichtet, das sich aus der theologischen Komfortzone herauswagt, sich auch wissenschaftlichen Erkenntnissen nicht verschließt und das verschiedenste *loci theologici*, Orte theologischer Erkenntnis, konsultiert. Und ja, die Zeugnisse von Betroffenen über die Abgründe von Kirche und Theologie sind *auch* als *loci theologici* zu betrachten. Sie sind – der Logik des Theologen Melchior Canos, der diesen Begriff einst prägte, folgend – »*Dokumentationsbereiche* und zugleich *Dokumentationsinstanzen*«[1] sowie »lebendige und aktive Trägerschaften, in denen sich Erkenntnis ereignet oder ereignet hat«[2], und müssen unbedingt berücksichtigt werden.

Und dann muss darauf eine Buße, ein Umdenken und ein entsprechendes Handeln folgen, um in Zukunft Missbrauch möglichst zu verhindern, um die Diskrepanz zwischen kirchlicher Botschaft und kirchlicher Wirklichkeit zu beenden und um die Kirche wieder ihrer Botschaft gemäßer zu gestalten. *Das* ist Evangelisierung!

»Der Weg entgeht beim Stehen«

Ein Gedanke, der mir immer wieder kommt, wenn ich in der Synodalversammlung oder in einem der Foren sitze, ist der folgende: Beim Synodalen Weg zeigt sich eine katholische Kirche, wie sie sein könnte – und wie sie leider teilweise immer noch ist.

So nehme ich beim Synodalen Weg einerseits eine erstaunliche Offenheit und einen bisher ungekannten Freimut unter den über 200 Teilnehmerinnen und Teilnehmern wahr. Die bunt gemischte große Mehrheit bemüht sich engagiert und redlich um ein ehrliches, konstruktives, engagiertes Aufeinanderhören, Ringen, Unterscheiden, Suchen und Finden. Und in den vielen gemeinsam erarbeiteten Texten und Diskussionen wird eine Kirche skizziert, von der ich mir denke: Ja, so könnte und so müsste sie aussehen, eine bessere und zukunftsfähigere katholische Kirche! Eine Kirche, die aus ihrer Vergangenheit gelernt hat. Eine Kirche, die offen, weit und plural ist. Eine Kirche, die nicht ständig angstvoll nach Rom blickt, sondern vor Ort Tatsachen schafft.

Andererseits zeigt sich beim Synodalen Weg aber auch eine katholische Kirche, wie sie leider manchmal immer noch ist: Eine Kirche, in der es die Lauten und Schrillen, die Unverbesserlichen, die Lehramtsverabsolutierer, die Augenhöhe-Verweigerer und die Scheuklappentäger gibt – aber sie bilden zum Glück die Minderheit.

An dieser Stelle darf jedoch nicht verschwiegen werden, dass die Beschlüsse des Synodalen Weges bedauerlicherweise kirchenrechtlich nicht bindend sind, sondern dass deren Umsetzung den jeweiligen Bischöfen überlassen ist. Somit liegt es nun in den Händen der Bischöfe, ob sie aus der Missbrauchskrise gelernt haben und ob sie den Geist einer demokratischeren, zukunftsfähigeren und menschenfreundlicheren Kirche in ihre Diözese tragen oder sich weiter an absolutistische, missbrauchsbegünstigende und evangeliumsverdunkelnde Kirchenformen klammern wollen. Neben freimütigen Bischöfen braucht es aber auch die kritischen Gläubigen, die ihre Kirchenoberen an ihre Verantwortung erinnern und die aktiv die Umsetzung der Beschlüsse einfordern.

Darüber hinaus müssen die Texte und Beschlüsse der Synodalversammlung nicht nur in die deutschen Bistümer, sondern als gutes Beispiel und wegweisendes Signal auch in die gesamte

Weltkirche getragen werden – gerade angesichts des soeben ausgerufenen weltweiten Synodalen Weges.

Natürlich besteht auch weiterhin die Gefahr, dass der Synodale Weg am Ende an den Mauern des Vatikans abprallen könnte. Beim Synodalen Weg herrschen jedoch eine solche offene Diskussionskultur und vor allem eine solche Dynamik vor, die sich auch durch eine römische Basta-Kultur nicht mehr so einfach einfangen und einhegen lassen werden. Vielleicht werden die dort freigesetzten Kräfte noch Dinge in Bewegung bringen und Wege bahnen, die zum jetzigen Zeitpunkt noch gar nicht absehbar sind. So könnte sogar – oder gerade – aus einem offiziellen Scheitern des Synodalen Weges, den damit einhergehenden Eruptionen und dem dadurch entstehenden Chaos etwas Neues und Besseres entstehen, wissen wir doch bereits aus der Schöpfungsgeschichte, dass aus dem Tohuwabohu letzten Endes etwas Gutes erwachsen kann. Nur darf der Synodale Weg auch bei seinen nächsten Etappen *niemals* aus dem Blick verlieren, was seinen Ausgangspunkt und seinen Imperativ bildete: die Missbrauchskrise und die leidvollen Erfahrungen der Betroffenen.

So sollten wir uns auch nicht von Ängsten, lauten Zwischentönen oder römischen Anfechtungen ausbremsen lassen, sondern in Bewegung bleiben und diesen Weg trotz allem mutig weitergehen. Wie wunderbar treffend war da der Versprecher einer Synodalen bei der zweiten Vollversammlung: »Der Weg entgeht beim Stehen«. Und die Hoffnung stirbt ja bekanntlich zuletzt.

»OH, WIE GROSS IST DER PRIESTER!«

Ich habe gerade wieder begonnen, in die Kirche zu gehen und Gottesdienste zu besuchen. Bisher habe ich die in unserer Gemeinde zelebrierenden Geistlichen fast ausschließlich in Messgewändern erlebt, aber jetzt sitzt mir ein Priester mit schwarzem Hemd und Kollar – dem weißen Priesterkragen – gegenüber. Ich weiß nicht warum, aber mein Blick fällt immer wieder auf diesen weißen Kragen. Immer wieder. Und in mir steigt eine seltsame Angst auf, mein Puls fängt an zu rasen und mir steht kalter Schweiß auf der Stirn. Was um Himmels willen ist los mit mir? Krampfhaft versuche ich, diese seltsamen Gefühle wegzudrücken, mir nichts anmerken zu lassen und das Gespräch fortzusetzen. Dieser irritierende Vorfall wird in den folgenden Wochen kein Einzelfall bleiben.

Erst Monate später, durch die Lektüre der MHG-Studie und im Zuge meiner Therapie, werde ich verstehen, dass diese weißen Priesterkrägen zu meinen schlimmsten Triggern gehör(t)en, brachten sie doch jedes Mal aufs Neue mein »Kleriker-Trauma« an die Oberfläche. Aber dank meiner Therapie und auch dank der positiven Erfahrungen, die ich inzwischen mit Priestern gesammelt habe, konnte ich diesen Trigger Schritt für Schritt zumindest einigermaßen überwinden. Heute holt mich meine »Kollar-Angst« zum Glück nur noch ganz selten ein, aber größere Ansammlungen von Klerikern – beispielsweise in der Synodalversammlung – stellen für mich nach wie vor eine ziemliche Herausforderung dar.

Und während ich im Zuge meiner Aufarbeitung eine Erklärung für meine seltsamen Reaktionen auf Priester mit Kollar fand, kam in mir eine neue brennende Frage auf, die ebenfalls mit dem Kleriker-Komplex verbunden ist: *Warum* habe ich mich damals nicht gegen Pater Dietmar gewehrt?

»Nach Gott ist der Priester alles«

Inzwischen weiß ich, warum ich mich nie widersetzt habe: Ich habe mich nicht gewehrt, weil ich gelernt und leider viel zu lange verinnerlicht hatte, dass Priester quasi-heilige Stellvertreter Christi auf Erden sind und ich ihnen völligen Gehorsam schulde. Weil Pater Dietmar als Priester für mich völlig übermächtig und ich ihm gegenüber komplett ohnmächtig war. Weil es für mich zum damaligen Zeitpunkt jenseits meiner Vorstellungskraft lag, dass ich überhaupt das Recht haben könnte, mich einem Priester zu widersetzen oder mich gar zu wehren.

In der KPE und in der von Pater Hönisch gegründeten *Servi Jesu et Mariae* (SJM) herrschte noch in den 90er-Jahren ein extrem klerikalistisches, sakralisiertes und überhöhtes Priesterbild vor, wie es auch lange Zeit in der gesamten katholischen Kirche verbreitet war und teilweise heute in manchen Kreisen eine beunruhigende Renaissance erlebt: Priester wurden aufgrund ihrer »wesensverändernden« Weihe den normalen, weltlichen Menschen entrückt und mit dem Nimbus der Heiligkeit, der Unantastbarkeit und Unfehlbarkeit versehen. Die geweihten Hirten standen in der absolutistischen Kirchenhierarchie mit an oberster Spitze und ihre ungeweihte Herde war ihnen zu völligem Gehorsam verpflichtet.

Durch ihre »Pastoralmacht«, ein Begriff, den der französische Philosoph Michel Foucault geprägt hat, überwachten und kontrollierten die Kleriker darüber hinaus nicht nur den Leib, sondern besonders auch die Seelen der Gläubigen. Das wichtigste Werkzeug dieser Machtform stellte das Sakrament der Beichte dar, sodass Rainer Bucher zufolge der Beichtstuhl »für die Pastoralmacht fast wichtiger noch als der Altar«[3] war. Als zölibatäre und damit »reine« Wesen galten Priester zudem nicht nur als moralisch überlegen, sondern – im Zuge des Ideals der kultischen Reinheit – als geradezu engelsgleich.

Als »Schutzheiliger« dieses klerikalistischen und sakralisierten Priesterideals gilt Jean-Marie Vianney, der Pfarrer von Ars, der im 19. Jahrhundert folgende Worte gesagt haben soll: »Oh, wie groß ist der Priester! Wenn er sich selbst verstünde, würde er sterben. Gott gehorcht ihm. (…) Nach Gott ist der Priester alles!«[4] Eine solche überhöhte Form des Priestertums stattete Kleriker nicht nur mit einer erschreckend großen Machtfülle und mit enormen Manipulationsmöglichkeiten aus. Sie immunisierte sie obendrein auch noch gegen jegliche Kontrolle, Kritik oder Anschuldigungen von außen und bildete so einen fast perfekten Nährboden für jegliche Arten von Missbrauch. Das habe auch ich am eigenen Leib und an der eigenen Seele erlebt. Auch die MHG-Studie betont, dass »sexueller Missbrauch (…) vor allem auch Missbrauch von Macht«[5] ist: »In diesem Zusammenhang wird für sexuellen Missbrauch im Kontext der katholischen Kirche der Begriff des Klerikalismus als eine wichtige Ursache und ein spezifisches Strukturmerkmal genannt. (…) Klerikalismus meint ein hierarchisch-autoritäres System, das aufseiten des Priesters zu einer Haltung führen kann, nicht geweihte Personen in Interaktionen zu dominieren, weil er qua Amt und Weihe eine übergeordnete Position innehat. Sexueller Missbrauch ist ein extremer Auswuchs dieser Dominanz«.[6]

Dieses Priesterbild ist jedoch nicht nur als eine der Ursachen für die furchtbaren Missbrauchstaten zu betrachten, sondern es hat obendrein auch noch häufig dazu geführt, dass vielen Betroffenen schlichtweg nicht geglaubt wurde – oft nicht einmal von den eigenen Eltern: »Doch nicht der Pater!« Zudem weist die MHG-Studie darauf hin, dass »ein autoritär-klerikalistisches Amtsverständnis dazu führen kann, dass ein Priester, der sexuelle

Gewalt ausgeübt hat, eher als Bedrohung des eigenen klerikalen Systems angesehen wird und nicht als Gefahr für weitere Kinder oder Jugendliche«[7]. Dies hatte regelmäßig zur Folge, dass Missbrauchsfälle vertuscht, der Schutz des klerikalistischen Systems über den Schutz der Opfer gestellt wurde und die Betroffenen so an den Rand gedrängt, ihr Schicksal und ihr Leid negiert und sie so erneut verletzt wurden.

Aber was ist das nur für eine Kirche, in der es »nicht so sein« (Mk 10,43) sollte, in der nicht einer die anderen unterdrücken und niemand seine Macht missbrauchen sollte– und in der es dann genau so oder sogar noch viel schlimmer gekommen ist?

Dieses klerikalistisch-hierarchische Kirchensystem und dieses hochproblematische Priesterbild sind zum einen nicht mehr mit einer demokratischen Gesellschaft und dem modernen Autonomieverständnis vereinbar und zum anderen ist all das aus wissenschaftlicher Sicht sogar als missbrauchsbegünstigend einzustufen. Dieses System und dieses Priesterbild müssen also dringend radikal reformiert werden! So mahnt auch die MHG-Studie eine »Änderung klerikalistischer Machtstrukturen« und »eine grundsätzliche Auseinandersetzung mit dem Weiheamt des Priesters und dessen Rollenverständnis«[8] an. Das Priesteramt muss entsakralisiert, entidealisiert, vom Sockel gestoßen, »geerdet« und am besten komplett neu – und dann natürlich geschlechtergerecht – gedacht werden. Die extremen Machtasymmetrien müssen aufgebrochen und abgeflacht werden und Macht generell reduziert, (geschlechter-)gerecht verteilt, beschränkt und kontrolliert werden.

Die Macht der Augenhöhe

In diesem Kontext hilft – wie so oft – ein Blick ins Evangelium. Wenn es um die Machtfrage geht, so ist das Evangelium ein Lehrbuch *par excellence* für eine Unterscheidung zwischen guten und schlechten Machtformen:

Wer unter euch der Größte sein will, soll euer Diener sein, und
wer unter euch der Erste sein will, soll der Diener aller sein.
(Mk 10,43–44)

Die von Jesus aufgezeigte Machtform dreht die herrschenden, missbräuchlichen Machtasymmetrien komplett um. Hier werden gerade die Schwachen und Vulnerablen in die Mitte gestellt, hier geht es um die Macht der Machtlosigkeit, der Verletzlichkeit, der Augenhöhe und des Dienstes. Wobei Dienst natürlich kein bloßes Etikett sein darf, das die konkrete Macht vernebelt und somit jeglicher Kontrolle entzieht, wie es in der Kirche viel zu lange der Fall war, sondern er muss Ausdruck einer wirklich demütigen, menschenfreundlichen und respektvollen Leitungsform sein.

In diesem notwendigen Veränderungsprozess kommt beispielsweise der Theologie eine tragende Rolle zu, denn es bedarf einer neu buchstabierten und missbrauchsunanfälligeren Theologie des Amtes – weg von einer gefährlichen Überhöhung und hin zu einer reflektierten Erdung. So empfiehlt beispielsweise der Pastoraltheologie Johann Pock, »eine Theologie des Amtes zu entwickeln und zu lehren, die nicht ein falsches, überholtes Ständedenken fördert, einen Klerikalismus, sondern ein Amt im Sinne des II. Vatikanums: als Amt im Dienste des Volkes Gottes.«[9] Als weiteres Gegenmittel zum Klerikalismus empfiehlt er »die Betonung der gemeinsamen Taufberufung und Geistbegabung vor jeglicher Ausdifferenzierung von Ämtern.«[10]

Zudem ist da die bereits in der gemeinsamen Taufberufung anklingende und nicht zu unterschätzende Rolle des gesamten Gottesvolkes, denn zur Ausübung von Macht braucht es in der Regel zwei Seiten: eine Seite, die die Macht aktiv ausübt, und eine Seite, die dieses »Spiel« mitmacht und sich dieser Macht (freiwillig) unterwirft. So liegt es auch in den Händen von uns Gläubigen, ob wir dieses Machtspiel weiter mittragen und somit am Laufen halten oder ob wir den klerikalistischen Kirchenvertretern schlichtweg die Macht entziehen. Indem wir uns daran erinnern, dass wir alle Würdenträgerinnen und -träger sind. Indem wir uns nicht mehr gehorsam fügen, sondern Widerstand leisten, uns selbstermächtigen und gemeinsam für eine Reform des »Systems Kirche« kämpfen.

Gefahrenfaktor charismatische Persönlichkeit

Wie ist es Pater Hönisch und Pater Dietmar gelungen, die Menschen so für sich zu begeistern und so zu manipulieren? Auch diese Frage treibt mich immer wieder um und auch sie ist eng mit dem Thema Macht verknüpft, denn in der KPE drehte sich – wie so oft in den sogenannten Geistlichen Gemeinschaften – alles um die führenden charismatischen Persönlichkeiten wie Pater Hönisch oder auch Pater Dietmar.[11] Aus heutiger Sicht würde ich beiden eine Mischung aus charismatischer Veranlagung, rhetorischem Talent und narzisstischer Persönlichkeit attestieren, mit der sie schnell zahlreiche Menschen für sich begeisterten, in ihren Bann zogen und sie so unkontrolliert manipulieren und über sie verfügen konnten. Ähnlich liest man es auch in den Berichten anderer ehemaliger KPElerinnen und KPEler, die über ihre Zeit in der Pfadfinderschaft berichten.

Dies in Kombination mit dem bereits erwähnten übermächtigen und sakralisierten Priesterbild und angesichts der Tatsache, dass beide stets suggerierten, exklusiv über den Willen Gottes Bescheid zu wissen, führte zu einer schier unermesslichen Machtfülle und Manipulationsgewalt. Und schon die leiseste Kritik an ihnen wurde als Sakrileg betrachtet und mit Ausgrenzung oder spiritueller Erpressung geahndet.

Inzwischen kenne ich so viele Fälle, in denen die Täterpriester eben nicht dem Klischeebild des seltsamen oder abstoßenden Typen entsprachen, um den man ohnehin besser einen weiten Bogen machte, sondern in denen die Täter häufig *gerade* die besonders begeisternden und beliebten Priester waren. Im Wissen um ihre charismatische und einnehmende Persönlichkeit setzten sie diese bewusst und aktiv ein, um andere Menschen für sich zu gewinnen, an sich zu binden und um sie dann manipulieren und damit psychischen und/oder physischen Zugriff auf sie erhalten zu können. Zugleich konnten diese Manipulatoren davon ausgehen, dass ihr charismatischer Nimbus sich wie ein Schutzschild um sie legen und sämtliche Kritiken, Anfechtungen und Anschuldigungen an ihnen abprallen lassen würde. Wenn es überhaupt jemand wagte, gegen ihre Unantastbarkeit anzusprechen, dann wurde den Geschädigten oder Betroffenen kein Glauben geschenkt – »Doch nicht der Pater!« – oder sie wurden sogar für ihre Aussagen bestraft.

Auch mir ist es gerade angesichts des Nimbus von Pater Dietmar als beliebter, allseits verehrter, charismatischer Priester besonders schwergefallen, gegen ihn vorzugehen und meinen eigenen Wahrnehmungen und Erinnerungen zu trauen: Wenn doch viele andere ihn so toll, mitreißend und verehrungswürdig finden, warum empfinde ich das, was er tut, als grundlegend falsch und abstoßend? Vielleicht stimmt dann etwas mit *mir* und meiner Wahrnehmung nicht. Zum anderen hatte ich die große Sorge, dass man meinen Aussagen über seine dunkle Seite schlichtweg nicht glauben würde, entweder weil man es sich nicht vorstellen konnte oder es nicht wollte: »Doch nicht Pater Dietmar!«

So möchte ich an dieser Stelle noch einmal eindringlich dafür plädieren, gerade im Missbrauchskontext das Argument »Aber das war (oder ist) doch so ein toller, charismatischer, beliebter Priester!« *niemals* zum Anlass zu nehmen, Vorwürfen nicht zu glauben und ihnen nicht nachzugehen – ganz im Gegenteil! Gerade ein solches Kriterium sollte dazu führen, dass man besonders genau hinsieht und den Anschuldigungen besonders akribisch nachgeht – im Wissen um die dunklen Schattenseiten, die sich hinter diesen »Lichtgestalten« auftun können.

Gehorsam

Der Gehorsam, den ich bereits im Kontext der Pastoralmacht erwähnt habe, ist ein grundlegendes Wesensprinzip der katholischen Kirche. Die Gläubigen schulden den Priestern Gehorsam, Priester versprechen ihrem Bischof bei der Weihe »Ehrfurcht und Gehorsam« und Bischöfe sind – wie natürlich alle anderen Katholikinnen und Katholiken auch – dem Papst zu völligem Gehorsam verpflichtet. So hätte beispielsweise Kardinal Marx durch seinen Rücktritt im Kontext der Missbrauchskrise ein starkes Signal gerade in Richtung der Betroffenen senden können. Dieses wurde jedoch durch die Nichtannahme seines Rücktrittsgesuches durch Papst Franziskus I. im Sommer 2021 durchkreuzt und zunichtegemacht. Aber Kardinal Marx hätte doch aus Gewissensgründen auf seine Entscheidung beharren und verkünden können: »Ich trete trotzdem zurück, ich kann nicht anders!« Aber stattdessen nahm er unter Verweis auf sein Gehorsamsversprechen den Bescheid des Papstes unwidersprochen an und trat von seinem Rücktritt zurück.

Zurück zur Gehorsamsverpflichtung der Nichtgeweihten gegenüber dem geweihten Klerus, die im Missbrauchskontext eine besonders verheerende Rolle spielte – öffnete sie doch so oft Macht-, geistlichem und sexuellem Missbrauch Tür und Tor, ermöglichte Priestern schier unermessliche Manipulationsmöglichkeiten, machte die Opfer besonders schutz- und wehrlos und schützte obendrein zugleich die Täter. Erschwerend kommt hinzu, dass der Gehorsam gegenüber religiösen Autoritäten häufig geradezu mit dem Gehorsam gegenüber Gott gleichgesetzt und somit ein Verstoß dagegen somit als ein Vergehen gegen Gott betrachtet wurde.

Inzwischen weisen auch zahlreiche Missbrauchsstudien auf einen engen Zusammenhang zwischen der internalisierten Gehorsamsverpflichtung der Gläubigen und den Missbrauchsgeschehen hin. Dabei geraten – angesichts immer neuer Enthüllungen – besonders jene Orden und Gruppierungen in den Fokus, bei denen die Doktrin eines (blinden) Gehorsams eine sehr große Rolle spielt. So fordert beispielsweise die CIASE-Studie die französischen Kirchenverantwortlichen auf: »Überprüfen Sie genau, wie die Regeln verschiedener religiöser Orden und die Regeln von sogenannten Neuen Geistlichen Gemeinschaften gelehrt werden, um zu sehen, ob irgendetwas an diesen Regeln zu einer verzerrten Interpretation der Verpflichtungen zu Gehorsam und Schweigen führen könnte.«[12]

Auch die KPE ist meiner Einschätzung nach diesen hochproblematischen Geistlichen Gemeinschaften zuzurechnen. Auch hier zählte der Gehorsam gegenüber den Gott repräsentierenden Priestern (aber auch gegenüber den ungeweihten Leitungspersonen) zu den wichtigsten Grundprinzipien, wie beispielsweise diesen Zeremoniellausführungen der KPE-Bundesführung aus dem Jahr 1981 zu entnehmen ist:

Zugleich gilt aber, daß ich in allen erlaubten Dingen und erst recht in allen sittlich notwendigen Dingen menschlichen Gehorsam lernen und üben muß; nicht nur deshalb, weil jede echte menschliche Autorität eine – wenn auch oft sehr unvollkommene Teilhabe an der Autorität Gottes ist, sondern auch deshalb, weil durch das Erlernen menschlichen Gehorsams der Mensch fähig wird zu einem viel tieferen Gehorsam, nämlich zum Hören auf Gott. Dies ist der tiefste Sinn christlichen Gehorsams.

Wer nie auf diese Weise gehorchen gelernt hat, wird am Willen Gottes vorbeileben, weil er auf Gott gar nicht hören kann.

Wer nie im christlichen Sinn gehorchen gelernt hat, wird auch nie echte innere Autorität besitzen oder ausüben können.

Nur wer in den sittlich erlaubten oder gebotenen Dingen gehorchen gelernt hat, wird auch fähig sein, nein zu sagen, da, wo etwas sittlich Verbotenes befohlen wird.

So soll unsere Auffassung von Gehorsam dazu verhelfen, selbständige katholische Persönlichkeiten zu werden, die (...) nicht von Modeströmungen manipuliert werden können.[13]

Häufig findet man im katholischen und besonders im katholisch-fundamentalistischen Orbit auch eine enge Verzahnung von Gehorsam und dem viel zu leicht zu missbrauchenden Schlagwort der völligen Hingabe. Die Hingabe, die eigentlich dem ganz persönlichen und direkten Verhältnis zu Gott vorbehalten ist, wird viel zu oft für niedere menschliche Zwecke instrumentalisiert, nach dem Motto: »Du musst dich mir hingeben, weil ich Stellvertreter Christi bin und genau über den Willen Gottes Bescheid weiß. Wenn du dich mir unterwirfst, dann unterwirfst du dich auch Gott«. Auch dieses Selbstaufopferungsideal wurde in der KPE explizit befördert und geradezu eingefordert. Im Zuge dieser Formung der Kinder und Jugendlichen wurden die eigenen Wahrnehmungen und Bedürfnisse Schritt für Schritt in Misskredit gebracht, abtrainiert und durch den völligen Gehorsam gegenüber und der totalen Hingabe an das »System KPE« ersetzt. Ein aussagekräftiges Beispiel bietet das offizielle aus dem Jahr 1981 stammende Versprechen, das die Rover, die männlichen KPE-Pfadfinder ab 17 Jahren, abgeben mussten:

ROVER: Wenn es Gott gefällt, bitte ich mit deinem Einverständnis, Roverpfadfinder in der Katholischen Pfadfinderschaft Europas werden zu dürfen.

ROVERMEISTER: Du verlangst danach, dich auf den Weg zu begeben, aber weißt du, was der Weg von dir verlangt?

R: Ja, ich weiß es.

RM: Wenn du dich auf den Weg begeben willst, mußt du zunächst dein Zuhause und dich selbst verlassen, mußt verzichten auf deinen Egoismus, auf deine Bequemlichkeit, auf deine Sicherheit, mußt suchen, was schwer ist, und ein hartes Leben auf dich nehmen. Hast du das bedacht?

R: Ja, ich bin mir dessen bewußt. (…)

RM: Hast du durch unsere Liebe zu Natur und Lager begriffen, daß sich ein Roverpfadfinder nicht an eine Scheinwelt angleichen darf, wo der Betrug regiert? Versprichst du, dich in deinem Denken und Handeln von der Wahrheit leiten zu lassen?

R: Ja, ich verspreche es.

(…)

RM: Versprichst du, das Leben niemals als Teil eines Vergnügens zu betrachten, sondern als eine Mission, von der dich nichts abbringen darf? Bist du entschlossen zu arbeiten und zu kämpfen, ohne jemals zu vergessen, daß das Reich Christi das Ziel deines Weges ist?

R: Ja, ich bin dazu entschlossen. (…)

RM: Empfange schließlich mit diesen Bändern die drei Farben, getragen von allen Rovern der Erde. Sie sollen in dir aus jeder Altersstufe wachhalten, was niemals sterben darf: Gelb, Farbe der Wölflinge, Bild für die Sonne, damit dein freudiger Glaube jene erleuchte, die dich umgeben. Grün, Farbe der Pfadfinder und von allem, was wächst, damit deine Hoffnung dich stets weiterbringt. Rot, Farbe der Rover, Symbol der Liebe und des Blutes, damit du dich nicht scheust, weder das eine noch das andere zu geben, wenn es in deinem Leben gefordert wird.

Ein Roverpfadfinder, der nicht alles gegeben hat, hat nichts gegeben. Ein Roverpfadfinder, der nicht zu sterben weiß, taugt zu nichts. Aber erinnere dich, daß es manchmal ganz genauso schwer sein kann, zu leben. Und jetzt, Bruder, geh! Gott sei mit dir![14]

An dieser Stelle möchte ich gerne noch einmal und in aller Deutlichkeit das Kind beim Namen nennen: Bei dieser Verpflichtung zu völligem Gehorsam und völliger Selbstaufopferung, bei dieser Leidensüberhöhung und dieser Verteufelung der Außenwelt handelt es sich – meiner Meinung nach – ganz klar um geistlichen Missbrauch!

Deshalb will ich erneut in aller Deutlichkeit dafür plädieren, dass nicht nur der sexuelle, sondern auch der geistliche Missbrauch im Rahmen und im Namen der katholischen Kirche noch viel stärker als bisher aufgearbeitet und bekämpft werden muss! Darüber hinaus braucht es einen *grundlegenden* Paradigmenwechsel in der Kirche – weg vom Primat des blinden Gehorsams und hin zu einem Primat der spirituellen Selbstbestimmung und der freien Gewissensentscheidung!

Und auch hier sehe ich eine Chance in einer Selbstermächtigung der Gläubigen, genauer gesagt: im »pastoralen Ungehorsam«, der ermutigenderweise aktuell immer wieder aufblitzt. Beispielsweise im Zuge des Responsums aus Rom, das nach vatikanischer Basta-Manier den Diskussionen um die Segnung von LGBTIQ-Paaren endgültig einen Riegel vorschieben wollte, das vonseiten vieler Gläubiger aber eben nicht gehorsam angenommen, sondern mit einer Welle von #LiebeGewinnt-Aktionen und Regenbogenflaggen auf Kirchtürmen beantwortet wurde. Genau solche Formen von zivilem Ungehorsam, in denen sich die Gläubigen selbstbestimmt über römische Anweisungen hinwegsetzen, auf ihr Gewissen hören und aktiv werden, sind ein unglaublich wichtiges und kraftvolles Zeichen und machen mir durchaus Hoffnung.

Zudem sollte der Gehorsamsbegriff – wenn er schon nicht ganz abgeschafft wird – zumindest neu und missbrauchsunanfälliger jusitiert werden. In diesem Zusammenhang betont Rainer Bucher: »Christen sind Menschen, die auf den Gott Jesu hören wollen. Auf den Gehorsam dem Gott Jesu gegenüber sind alle in der Kirche verpflichtet. Gott aber hat sich in die Abhängigkeit von der Freiheit der Menschen gegeben und sich selbst in Liebe zu allen Menschen erniedrigt. Die Kirche als Institution ist nicht dazu da, diese Freiheit zurückzunehmen, sondern im Sinne des Gottes Jesu zu gestalten, und sie ist dazu da, gehorsam zu sein wie er in der Hingabe an andere. Wo die Kirche diese Hingabe und Solidarität (vgl. Gaudium et spes 1) verlässt, verlässt sie Gott.«[15]

In demselben Aufsatz und im selben Kontext verweist Rainer Bucher auf einen Text der französischen Mystikerin und Sozialarbeiterin Madeleine Delbrêl, der auch mir viel bedeutet und den ich mir an dieser Stelle ebenfalls – als abschließenden Gedanken zu diesem Thema – zu zitieren erlaube:

Wenn wir wirklich Freude an dir hätten, o Herr,
Könnten wir dem Bedürfnis zu tanzen nicht widerstehen,
Das sich über die Welt hin ausbreitet,
Und wir könnten sogar erraten,
Welchen Tanz du getanzt haben willst,
Indem wir uns den Schritten deiner Vorsehung überließen.

Denn ich glaube, du hast von den Leuten genug,
Die ständig davon reden, dir zu dienen –
mit der Miene von Feldwebeln,
Dich zu kennen – mit dem Gehabe von Professoren,
Zu dir zu gelangen nach den Regeln des Sports,
Und Dich zu lieben, wie man sich nach langen Ehejahren
liebt.

Eines Tages, als du ein wenig Lust auf etwas anderes hattest,
Hast du den Heiligen Franz erfunden,
Und aus ihm einen Gaukler gemacht.
An uns ist es, uns von dir erfinden zu lassen,
Um fröhliche Leute zu sein, die ihr Leben mit dir tanzen.

Um gut tanzen zu können – mit dir oder auch sonst,
Braucht man nicht zu wissen, wohin der Tanz führt.
Man muss ihm nur folgen,
Darauf gestimmt sein,
Schwerelos sein,
Und vor allem: man darf sich nicht versteifen.[16]

Stumme Komplizen

»Sie hat WAS?! Dir eine RUNTERGEHAUEN?! Wie furchtbar!«

Vor Entsetzen schreie ich fast in mein Telefon. Gerade hat mir eine Pater-Dietmar-Betroffene berichtet, wie sie sich auf einer Jugendfreizeit nach einer übergriffigen Begegnung mit einem Priester zu einer Leiterin flüchtete, ihr stammelnd von diesem Vorfall berichtete und wie ihr diese daraufhin eine Ohrfeige verpasste – und sie somit für mehr als zwanzig Jahre zum Schweigen brachte.

Durch die Berichte vieler Betroffener und durch die Lektüre weiterer Missbrauchsstudien weiß ich inzwischen, dass sie mit ihrem Schicksal leider nicht alleine ist. Immer wieder ist es geschehen, dass nicht nur Gruppenleiterinnen und -leiter, sondern sogar Eltern den Berichten ihrer Kinder nicht glaubten oder die Taten herunterspielten – weil es ja »der Herr Pfarrer« war. Immer wieder wandten sich Betroffene hilfesuchend an Lehrer, Leiterinnen oder andere Bezugspersonen – und keiner hörte ihnen zu, glaubte ihnen oder wurde aktiv. Und es gab und gibt natürlich auch Fälle, in denen Laiinnen oder Laien entweder selbst Missbrauch begingen oder zumindest von Missbrauchstaten wussten und sich an deren Vertuschung beteiligten. Diese Seite des katholischen Abgrundes wird leider nach wie vor viel zu wenig beleuchtet.

Im Sommer 2021 erfahre ich zum einen, dass ich als Einzelpersönlichkeit ins Zentralkomitee der deutschen Katholiken (ZdK) gewählt wurde, und freue mich über die Möglichkeit, von nun an auch auf dieser Ebene an der Veränderung und der (Neu-)Gestaltung der katholischen Kirche mitwirken zu können. Zum anderen werden wir Sprecherinnen und Sprecher des Betroffenenbeirats zur gleichen Zeit gebeten, als Mitglieder des Beirates vor der digitalen ZdK-Vollversammlung zu sprechen. Bei der Vorbereitung meines Statements muss ich wieder an die Aussage der befreundeten KPE-Betroffenen und an die vielen erschreckenden Berichte anderer Opfer denken, denen auch von Laienseite Unrecht, Vertuschung oder Missachtung widerfahren ist. Also beschließe ich, meine kleine Rede zu nutzen, um auf diesen, noch recht unbeleuchteten Teil des katholischen Abgrundes hinzuweisen – auf die Rolle und die Verantwortung der Laiinnen und Laien:

Schaut hin!« – so lautete das Leitwort des 3. Ökumenischen Kirchentages, das sich an den Satz »Geht und seht nach« aus dem Markusevangelium anlehnt. Was hat dieser Imperativ nun mit diesem Vormittag zum Thema sexualisierte Gewalt zu tun und warum sprechen wir heute überhaupt zusammen mit Ihnen, den Laien, über dieses Thema – wo doch die Täter im katholischen Kontext fast ausschließlich Kleriker waren?

Weil sexualisierte Gewalt durch Priester nicht im luftleeren Raum geschah. Weil es auch unter den Laien missbrauchsermöglichende »stumme Komplizen« und systembefördernde und systemzementierende Co-Klerikalisten gab. Weil auch einige Laien beim Thema Missbrauch eben gerade nicht nach dem Leitsatz »Geht und seht nach« handelten, sondern sich abwandten und wegsahen.

Und ja, auch in meinem Fall bzw. unserem Fall war der Täterpriester ein Kleriker. Aber da war auch die besonders linientreue Gruppenleiterin, die einer Betroffenen, als sie ihr von den Übergriffen berichtete, eine schallende Ohrfeige verpasste und sie so für mehr als zwanzig Jahre zum Schweigen brachte. Da war eine andere Gruppenleiterin, die trotz unserer Weigerungen durchsetzte, dass bei diesem Priester gebeichtet wird »und damit Basta«! Und da waren noch andere Menschen, die unsere Schilderungen bagatellisierten oder ihnen keinen Glauben schenken wollten.

»Geht hin und seht nach« – dieser Satz aus dem Markusevangelium klingt seitdem in mir nach und es gibt, wenn es um die Rolle und die Aufgabe der katholischen Laiinnen und Laien im Kontext der Missbrauchskrise geht, wohl keinen besseren Imperativ:

Hingehen! Das heißt: nicht weglaufen, sich nicht abwenden, sich der Problematik stellen und dahin gehen, wo es vielleicht auch wehtut.

Hinsehen! Sprich: das Dunkle und Unerträgliche genau betrachten, sich der Situation stellen, den Abgrund nicht scheuen, sondern ihn ausleuchten und gründlich aufarbeiten.

Hinsehen bedeutet auch, die Perspektive der Betroffenen in den Fokus zu rücken, ihren Geschichten Raum zu geben und sich ihren Aussagen zu stellen. Und dann entsprechend zu handeln: sich zu Anwältinnen und Anwälten der Überlebenden zu machen, Unterstützung anzubieten, Betroffene in Ihre Arbeit integrieren, Erzählräume zu schaffen u.v.m.

Hinsehen bedeutet auch, den Aufarbeitungsprozess in den einzelnen Bistümern genau zu beobachten und die Vereinbarungen deutlich einzufordern, die Bischöfe an ihre Verpflichtungen zu erinnern und mahnend die Stimme zu erheben, wenn erneute Vernebelungsgefahr besteht.

Hinsehen bedeutet auch, missbrauchsbegünstigende Strukturen intensiver zu betrachten, zu analysieren – und sie dann radikal zu reformieren.

Und es gibt noch einen weiteren Aspekt, für den ich die ZdK-Mitglieder gerne sensibilisieren möchte, daher betone ich in meiner Rede:

Hinsehen bedeutet auch, nach links und rechts zu blicken, denn: wir Überlebende sind häufig nicht irgendjemand ganz anderes, jemand Außenstehendes, sondern – vielleicht ohne, dass Sie es wissen – auch Menschen in dieser Runde hier oder ihr Nachbar, eine Pastoralreferentin, ihr Schüler oder eine Ordensschwester. Und wenn ich nicht 2018 angefangen hätte, meinen Fall aufzuarbeiten und später auch öffentlich darüber zu sprechen, dann würde ich jetzt vielleicht aus einem ganz anderen Grund in einer dieser Kacheln hier auftauchen und bei diesen Beiträgen still in mich hineinnicken oder ich würde den Ton stumm schalten, in der Hoffnung, so auch den Schmerz in mir stummzuschalten.

Sexualisierte Gewalt geht uns alle an und wir sind es allen Betroffenen – den sprechenden und den stummen – schuldig, uns für eine lückenlose Aufarbeitung, für Gerechtigkeit für die Betroffenen, für eine angemessene Entschädigung, für eine gute und wirksame Präventionsarbeit, für Reformen und für einen allgemeinen Haltungs- und Kulturwandel einzusetzen.

Schaut hin!

Ja, auch das Zentralkomitee der deutschen Katholiken (ZdK) hat sich viele Jahre schwergetan mit der Missbrauchskrise und der Rolle der Laiinnen und Laien in diesem Abgrund. Es dauerte lange, bis sich das aus gewählten Katholikinnen und Katholiken aus Verbänden, der Politik und Wirtschaft bestehende Gremium entschied, sich der Missbrauchsthematik und der Rolle der Laien zu stellen und nicht mehr nur *über*, sondern auch *mit* Betroffenen zu sprechen. Inzwischen nehme ich aber so etwas wie einen schrittweisen Kulturwandel wahr: Zum einen ist der Missbrauch in der katholischen Kirche nun auch thematisch im Herzen des ZdK angekommen und das Gremium stellt sich zunehmend auch der problematischen Rolle der Nicht-Geweihten. Es wurde zum einen ein Arbeitskreis einberufen, der als mahnende Stimme in Sachen Aufarbeitung agieren, der hinsehen, hinhören – und handeln will. Zum anderen sind seit der Wahl im Sommer 2021 nun mit Johannes Norpoth und mir auch zwei »offizielle« Betroffene unter den über 200 Mitgliedern (aber natürlich ist davon auszugehen, dass wir in diesem Gremium nicht die Einzigen mit einem solchen Schicksal sind). Ich hoffe sehr, dass wir durch unsere Mitgliedschaft das Thema Missbrauch weiterhin wachhalten, Anwälte und Anwältinnen für andere Betroffene sein und Veränderungen bewirken können.

Noli me tangere

Ich bin gerade vierzehn Jahre alt geworden und muss, da ich demnächst die Führung einer Gilde mit fünf bis acht Pfadfinderinnen übernehmen soll, an einem von der KPE organisierten und geradezu militärisch durchgetakteten Gildenführerinnenkurs teilnehmen. Mit ein paar anderen Mädchen sitze ich, brav in Kluft gekleidet, in einem Kursraum an einem der Tische. Wir sind bereit, einem der vielen Referate von Pater Dietmar zu lauschen und seine Ausführungen ordnungsgemäß mitzuschreiben, denn unsere Hefte werden später von der Kursleiterin kontrolliert.

Pater Dietmar setzt sich breitbeinig in seinen speckigen schwarzen Cordhosen vor uns auf das Pult und leitet seinen Vortrag zum Thema »Die Reinheit und Keuschheit« mit einem für ihn typischen schmierig-jovialen Satz ein: »Männer wollen immer nur das Eine, das weiß ich aus eigener Erfahrung«. Dann beginnt Pater Dietmar mit dem eigentlichen Referat und wir schreiben artig mit:

Die Reinheit und Keuschheit bestehen darin, dass die rechte sittliche Ordnung auf dem Gebiet des sexuellen Verhaltens eingehalten wird. Die Tugend der Keuschheit zielt darauf ab, den Menschen zu befähigen, dass er diese Ordnung bereitwillig, beständig und in immer größerer Freiheit verwirklicht.

Die Tugend der Keuschheit ist eine zarte und eine schwierige Tugend. Sie ist zart, weil sie durch die kleinsten Fehler getrübt wird. Sie ist schwierig, weil sie fortwährendes und dauerndes großmütiges Kämpfen verlangt. Diese Tugend ist ein Schatz in irdenen Gefäßen. Diese Tugend kann nur bewahrt werden, wenn wir uns zugleich um andere Tugenden bemühen.

Demut
Abtötung
Standespflichten
Liebe zu Gott

Zu 1: Misstrauen gegen sich selbst
verbunden mit einem großen Vertrauen auf Gott (viele fallen
aus Stolz und Hochmut)
Wachsamkeit und Vertrauen auf Gott muss zunehmen.
Neben der Wachsamkeit braucht (man) auch Klugheit.
Flucht vor gefährlichen Gelegenheiten (Laura Vicuna)
Offenheit gegenüber dem Beichtvater

Zu 2: Das Gift schleicht sich durch die kleinsten Öffnungen
in unsere Seele ein.
Daher ist die Abtötung der Sinne notwendig
Augen: Was lese ich, was schaue ich mir an?
Ohren: Was höre ich mir an? (Witze …)
Mund: Über was spreche ich?
Mäßigkeit beim Essen und Trinken

Zu 3: Meide Langeweile!
Halte Ordnung und die Ordnung hält dich.

Zu 4:
Regelmäßiges Beten
Regelmäßige Messe (auch werktags!)
regelmäßige Beichte (wenigstens 1x im Monat)
Weihe an die Mutter Gottes
Besondere Liebe zu Schutzengel und Namenspatron

(Original Mitschrift: Siehe Anhang)

Mehr als zwei Jahrzehnte nach der Entstehung dieser Mitschrift halte ich nun diese Seiten wieder in meinen Händen, nachdem ich sie im Zuge meiner Recherchen wiedergefunden habe. Und während ich die Zeilen entziffere, bin ich schier fassungslos angesichts der eklatanten Wort-Tat-Schere von Pater Dietmar und angesichts der Täterstrategie, die hier durchschimmert: »Misstrauen gegen sich selbst«.

Für einen heranwachsenden, aber natürlich auch für einen erwachsenen Menschen ist es äußerst verheerend, wenn er in einer sektenartigen, in sich geschlossenen Gemeinschaft wiederholt angewiesen wird, ausschließlich den Äußerungen und Handlungen der respekteinflößenden Autoritäten zu *ver*trauen und gleichzeitig seinen eigenen Wahrnehmungen und Empfindungen zu *miss*trauen.

Auf diese Weise werden die eigenen Gefühle und intuitiven Schutzmechanismen (»Hier stimmt etwas nicht!«, »Hier läuft etwas falsch!«) bewusst perfide untergraben, außer Kraft gesetzt und durch ein potenziell missbräuchliches Koordinatensystem ersetzt. Die Manipulatoren suggerieren: Alles, was hier geschieht, ist gut, richtig und völlig normal, und wenn es dir falsch oder problematisch vorkommt, dann stimmt eben etwas mit *deiner* Wahrnehmung nicht – der perfekte Nährboden für geistlichen und sexuellen Missbrauch.

In meinem Fall haben diese wiederholten Befehle zum »Misstrauen gegen sich selbst« mein Vertrauen in meine Wahrnehmungen massiv ausgehöhlt und fast zerstört. Teilweise spüre ich die Auswirkungen dessen bis heute. Aber so sehr ich angesichts der Entdeckung und Lektüre meiner alten Aufzeichnungen aus Pfadfindertagen auch verzweifle, so froh bin ich doch, dass ich mit dieser Mitschrift etwas Greifbares und Aussagekräftiges zu diesem missbräuchlichen Setting besitze.

Das »Gift« der Unkeuschheit

Es gibt noch einen weiteren Grund, warum sich ein genauerer Blick in dieses Referat über »Die Reinheit und Keuschheit« lohnt: Es gibt einen erschreckend guten Einblick in eine hyperrigide Sexualmoral, wie sie über Jahrhunderte in der katholischen Kirche und Moraltheologie vorherrschte und wie sie bis zum heutigen Tag besonders in fundamentalistischen Kreisen immer noch vermittelt wird.

Lange Zeit stand die menschliche Sexualität in der katholischen Sexualmoral unter einem denkbar schlechten Stern. Sie wurde als eine per se gefährliche, negative und sündhafte Kraft dargestellt, die es »abzutöten« gilt. So habe ich es auch von Pater Dietmar gelernt, der ein glühender Verfechter der katholischen Sexualmoral war und der die Unkeuschheit als »Gift« bezeichnete, das schon in kleinsten Dosen den Körper, die Seele und das ganze Leben zerstören kann. Denn – wieder so ein Merksatz von Pater Dietmar – »Die Sünde gegen die Keuschheit ist das Einfallstor für alle Todsünden«.

In der offiziellen katholischen Sexualmoral gilt bis heute ausschließlich der Geschlechtsverkehr innerhalb einer Ehe zwischen Mann und Frau als tolerabel und nicht sündig und von Gott gewollt. Alles andere – vom vor- und außerehelichen Geschlechtsverkehr, über Masturbation, Geschlechtsverkehr in einer LGBTIQ-Beziehung bis hin zu künstlicher Empfängnisverhütung – wird mit dem Etikett »schwere Sünde« und Abkehr von Gottes Willen versehen. Dieses Schwarz-Weiß-Denken ist nicht nur verletzend, menschenfeindlich und realitätsfern, sondern es fördert zudem eine extreme Doppelmoral und führt dazu, dass sämtliche Bereiche der menschlichen Sexualität hochgradig tabuisiert sind. Sexualität galt in der Kirche lange Zeit als etwas, über das man schwieg – außer natürlich in der Beichte, wo »öffne dich deinem Beichtvater« galt und geradezu ein Bekenntniszwang über (vermeintliche) sexuelle Verfehlungen vorherrschte. Sex wurde zum »*elephant in the room*«: etwas über das geschwiegen wurde, das aber dadurch auf problematische Weise um so präsenter war.

Und während sich die Kirche in ihrer geltenden katholischen Sexualmoral auf Aspekte wie Binarität von Mann und Frau, Komplementarität und die Zeugung von Nachkommen fixiert, somit ein breites Spektrum an (vermeintlichen) »Sündenfällen« weitestgehend undifferenziert verdammt und Menschen in ihrer sexuellen Entwicklung und Identität beeinträchtigt oder gar verletzt, verliert sie andere, viel wichtigere und viel relevantere Werte völlig aus dem Blick: die Liebe, das Recht auf sexuelle Selbstbestimmung, Verantwortung und das Konsensprinzip. Während sich die Kirche an eine starre, naturrechtlich argumentierende und den Dialog mit der Gegenwart und der Wissenschaft verweigernde Sexualmoral klammert, verspielt sie die Chance, den Menschen eine gute und hilfreiche Anleitung zu einem gelingenden Leben und zu einem verantwortungsvollen, reflektierten und respektvollen Umgang mit der eigenen Sexualität zu vermitteln. Dabei sind doch gerade *das* Werte, die unbedingt in den Mittelpunkt gestellt werden müssen, die wirklich lebensförderlich und menschenfreundlich und auch missbrauchsverhindernd wären – und die durchaus im Einklang mit dem Evangelium stehen!

Die tiefen Abgründe einer Moralagentur

Die katholische Sexualmoral hat allein aufgrund dessen in den letzten Jahrzehnten bereits massiv an Relevanz und Glaubwürdigkeit eingebüßt. Die vielen tausend erschütternden Missbrauchsfälle durch katholische Geistliche, die ab 2010 nach und nach ans Licht kamen, haben noch einmal verstärkt eine fürchterliche Kluft zwischen den hohen moralischen Ansprüchen und den tiefen Verfehlungen tausender Priester offenbart. Ausgerechnet Vertreter jener katholischen Kirche, die sich über Jahrhunderte als *die* »Moralagentur« geriert hat und die damit viele Gläubige in ihrer Sexualität beschädigt hat, haben selbst die abgründigsten und eklatantesten Verstöße und Verbrechen im sexuellen Bereich begangen. Und ganz offensichtlich hat die offizielle Sexualmoral selbst den Vertretern der Kirche nicht geholfen, zu einen verantwortungsvollen Umgang mit ihrer Sexualität zu gelangen – ganz im Gegenteil!

In diesem Kontext werden schnell innerkirchliche Stimmen laut, die nach Whataboutism-Manier darauf hinweisen, dass es Missbrauch doch in allen gesellschaftlichen Bereichen gebe. Ihnen ist mit dem Philosophieprofessor Godehard Brünntrup SJ zu antworten: »Ein Sportverein ist dieses moralischen Abgrundes gar nicht fähig.«[17] Untersuchungen wie die MHG-Studie oder die französische CIASE-Studie zeigen aber nicht nur auf, dass es Priester gab, die auf missbräuchliche und verbrecherische Weise gegen die katholische Sexualmoral verstießen – sie kommen sogar obendrein zum Schluss, dass eben jene auf Verteufelung, Verdrängung und Tabuisierung ausgerichtete Sexualmoral selbst als eine der Ursachen für die Missbrauchsfälle im Rahmen der katholischen Kirche zu betrachten ist.

Als Teenager habe ich erleben müssen, wie ein Priester im Zuge von »Keuschheitskunde« versuchte, mir meine eigene Sexualität zu vergiften und im wahrsten Sinne des Wortes zu verteufeln. Ich habe am eigenen Leib und an der eigenen Seele erfahren müssen, wie groß die Kluft zwischen priesterlichen Worten und Taten und wie tief die Fallhöhe der »Moralagentur Kirche« sein kann. Und ich bin ein lebendes Beispiel dafür, wie bei einem eben jene Sexualmoral predigenden Priester offenbar das krampfhafte Abtöten und Abspalten der eigenen Sexualität dazu führte, dass sich diese Triebhaftigkeit im Gewand der »Keuschheitskunde« substituierend-missbräuchlich an mir Bahn brach und mich tief verletzte.

Angesichts der unzähligen Fälle von sexuellem Missbrauch durch Kleriker, angesichts der Erkenntnisse der Missbrauchsstudien und angesichts der Zeugnisse Betroffener könnte man geradezu von einer »Stunde null« der katholischen Sexualmoral sprechen. Es kann und es darf kein Weiter-so geben! Die Sexualmoral der katholischen Kirche muss nun auch im Lichte der Missbrauchskrise betrachtet – und anschließend neu buchstabiert und neu gedacht werden: allen Einwänden und Ängsten zum Trotz, unter konsequenter Berücksichtigung der Erfahrungen Betroffener und mit dem unbedingten Willen, weitere Verletzungen und weitere Opfer zu verhindern.

Zeit für eine Enttabuisierung

Die MHG-Studie hat gezeigt, dass eine auf Verdrängung, »Abtötung« und Tabuisierung von Sexualität setzende Sexualmoral – neben vielen anderen negativen Folgen für das Leben ihrer Gläubigen – fatalerweise auch dazu geführt hat, dass einige Priesteramtskandidaten und Priester den Zölibat als eine Möglichkeit sahen, sich nicht mit ihrer Sexualität befassen zu müssen. Bei einigen zog diese Verdrängung eine defizitäre sexuelle Entwicklung nach sich. In den schlimmsten Fällen mündete sie im Zuge von Überforderungen, Frustration und Isolation in Missbrauchsvergehen. Die MHG-Studie spricht in diesem Kontext vom »regressiv-unreifen«[18] Tätertypus.

Zudem hatte die in der Kirche vorherrschende und eine Doppelmoral befördernde Schweigekultur eine weitere fatale Folge: Jegliche priesterlichen Verfehlungen – vom Zölibatsverstoß im Rahmen einer auf Gegenseitigkeit beruhenden Beziehung bis hin zu einem Verbrechen an einem Minderjährigen – wurden teilweise unterschiedslos verschwiegen, vernebelt oder eben auch vertuscht. Oder schlimmer noch: Mir wurde zugetragen, dass in den 1970er Jahren beim Bekanntwerden eines Missbrauchsfalles hinter vorgehaltener Hand sinngemäß gesagt wurde: »Besser ein Fehltritt mit einem Jugendlichen als eine langfristige Beziehung mit einer Frau. Er kann als Einzelsünde angesehen werden und es besteht nicht die Gefahr, dass es zu einer Schwangerschaft kommt.«

Es gibt also viele überzeugende und dringliche Gründe, warum die katholische Kirche die menschliche Sexualität unbedingt enttabuisieren, aus der »Schmuddelecke« herausholen, rehabilitieren und die Kriteriologie für die sittliche Bewertung des sexuellen Verhaltens verändern muss. Sie sollte stattdessen lieber ihren Einfluss nutzen, um die Menschen »von der Wiege bis zur Bahre« zu einem reflektierten, reifen und verantwortungsvollen Umgang mit ihrer Sexualität anzuleiten:

In Kindergärten und Schulen sollten Kinder basierend auf wissenschaftlich fundierten und bewährten Konzepten schon früh lernen, dass ihr Körper ihnen gehört, dass sie Grenzen haben, diese selbstbewusst setzen und verteidigen und Nein! sagen dürfen. Ebenfalls wichtig ist eine altersgemäße sexuelle Sprachfähigkeit, denn nur wer über ein entsprechendes sprachliches Repertoire verfügt, kann sich verbal wehren beziehungsweise missbräuchliche Geschehnisse artikulieren und benennen.

Sexuelle Aufklärung ist somit *auch* eine Form von Missbrauchsprävention! Wenn ich als Mädchen gewusst hätte, dass ich Grenzen habe und diese aktiv setzen und verteidigen darf, dass ich Nein sagen darf, und wenn ich Worte gehabt hätte, um die Geschehnisse benennen zu können, dann wäre mir wohl vieles erspart geblieben.

Erschreckenderweise gibt es aber gerade in katholisch-fundamentalistischen Kreisen immer noch Gruppierungen, die sich einen ideologisch aufgeladenen Kampf gegen den Aufklärungsunterricht auf die Fahnen geschrieben haben und die Sexualpädagogik als vermeintliche »Frühsexualisierung« der Kinder diskreditieren. Solche Aussagen sind nicht nur völlig haltlos und realitätsfern. Sie sind aus soeben genannten Gründen geradezu fahrlässig. Deshalb sollte die Kirche unbedingt aus ihren Fehlern lernen, in Zukunft mit gutem Beispiel vorangehen und in ihren kirchlichen Einrichtungen und Gemeinden eine Kultur der Reflexion und Achtsamkeit etablieren. So konnte die Kirche im Idealfall zu einem doppelten *Safe Space* werden: zu einem Ort, an dem Kinder, Jugendliche und Erwachsene zum einen vor sexuellem Missbrauch geschützt sind, und zu einem Ort, an den sie sich zum anderen vertrauensvoll wenden können, wenn sie in einem anderen Kontext Missbrauch erleben mussten, und wo sie auf gute und kompetente Menschen treffen, die ihnen helfen können.

Aber die menschliche Sexualität ist natürlich ein Thema, das Menschen auch jenseits des Schulabschlusses begleitet und herausfordert. Deshalb sollte eine Reflexion über die eigene Sexualität und ein Hinleiten zu einem gelingenden Leben beispielsweise auch ein fester Bestandteil der pastoralen Ausbildung sein, besonders natürlich im Rahmen der Priesterausbildung. Während in früheren Zeiten in den Priesterseminaren das Thema Sexualität totgeschwiegen wurde, ein »Abtötungsdiktum« vorherrschte und angehende Priester mit dem Handling des Zölibats völlig alleingelassen wurden – mit teilweise verheerenden Folgen –, so sind heute immerhin in fast allen Priesterseminaren Module zu einem reflektierten Umgang mit der eigenen Sexualität und einem Leben im Zölibat verpflichtend, aber durchaus noch ausbaufähig.

In diesem Zusammenhang sollte man allerdings nicht nur die Zeit der Priesterausbildung, sondern auch die Zeit nach der Weihe im Blick behalten. Gerade das zölibatäre Leben bedarf einer lebenslangen Reflexion und eines fortlaufenden Unterstützungsangebots. So hat die MHG-Studie gezeigt, dass Täter-Priester im Schnitt 14,2 Jahre nach der Priesterweihe das erste Mal missbräuchlich wurden, also zu einem Zeitpunkt, an dem der erste Enthusiasmus und die anfängliche Motivation verflogen waren und Überforderung und Frustration überhandgenommen hatten. Diese Zeitspanne sollte noch einmal verstärkt in den Blick genommen und Priester gerade dann noch einmal intensiver begleitet werden.

Auch wenn die verschiedenen Studien zum Missbrauch in der katholischen Kirche die Rolle des Zölibats betreffend zu unterschiedlichen Ergebnissen kommen, so bin ich persönlich der festen Überzeugung, dass der verpflichtende Zölibat unbedingt abgeschafft werden muss. Natürlich vor allem, weil beispielsweise die MHG-Studie die Frage aufwirft, ob der Zölibat ein »möglicher Risikofaktor«[19] für Missbrauch sein könnte, aber auch weil es so viele sich berufen fühlende und fähige Männer gibt, die für das Priesteramt, jedoch nicht für ein Leben im Zölibat gemacht sind, weil die Lebenserfahrung verheirateter Menschen die Seelsorge bereichern würde und weil die theologischen Argumente für den verpflichtenden Zölibat aus meiner Sicht schlichtweg nicht mehr überzeugend, tragfähig und gegenwartstauglich sind. Zudem sagt die Kirche selbst, dass der Zölibat nicht notwendigerweise vom Wesen des Priesteramts gefordert ist – schließlich gibt es auch in der katholischen Kirche verheiratete Priester, und zwar in den mit Rom unierten Ostkirchen.

»Fass mich nicht an«

Ein weiterer Aspekt, der in der geltenden katholischen Sexualmoral auf keine große Wertschätzung stößt, der aber gerade im Missbrauchskontext hochrelevant ist, ist das Recht auf sexuelle Selbstbestimmung. Die fehlende Priorisierung dieses Guts zeigt sich beispielsweise auch am geltenden Kirchenrecht. Im Staatsrecht wird sexueller Missbrauch von Kindern, Jugendlichen und Erwachsenen mit hohen Strafen belegt, während etwa außerehelicher Verkehr bereits seit 1969 keine Straftat mehr ist. Bis in die jüngste Zeit machte das Kirchenrecht hier keinen Unterschied. Es wertet sexuellen Missbrauch lediglich als Verstoß gegen den Zölibat, gegen die Amtspflichten eines Priesters, aber nicht als Verstoß gegen das sexuelle Selbstbestimmungsrecht eines Kindes, Jugendlichen oder Erwachsenen. Somit werden auch die Perspektive und das Leid der Opfer völlig ausgeblendet. Erst seit der Verschärfung des kirchlichen Strafrechts im Dezember 2021 stellt der sexuelle Missbrauch von Minderjährigen immerhin eine »Straftat gegen Leben, Würde und Freiheit des Menschen«[20] dar. Aber nach wie vor ist von einer Straftat gegen das sechste Gebot die Rede und auch der so essenzielle Wert des Rechtes auf sexuelle Selbstbestimmung bleibt weiter unberücksichtigt. Darüber hinaus wird sexueller Missbrauch an Erwachsenen – verheerenderweise – weiterhin als Vergehen gegen die Klerikerpflicht gewertet. Der Kirchenrechtler Georg Bier betont deshalb in der *Herder Korrespondenz*: »Bei sexualisierter Gewalt geht es weder – anders als beim sechsten Gebot – um Ehebruch im engeren Sinn noch ausschließlich um sexuelle oder sexuell konnotierte Handlungen. Sie ist im Kern nicht deshalb strafwürdig, weil ein Täter sich auf eine lehramtlich als unzulässig angesehene Weise (*contra sextum*) sexuell zu befriedigen sucht, sondern weil er (oder sie) dabei die sexuelle Selbstbestimmung einer anderen Person – auf welche Weise auch immer – verletzt.«[21]

Auch diesbezüglich müsste die katholische Sexualmoral dringendst im Lichte der Missbrauchskrise betrachtet werden, grundlegend neu justiert und das Recht auf sexuelle und körperliche Selbstbestimmung in den Mittelpunkt gestellt werden. Und tatsächlich lohnt sich auch in diesem Kontext ein Blick ins Evangelium:

Als ich kürzlich wieder einmal eine meiner Lieblingsstellen im Johannesevangelium las, in der Maria Magdalena am offenen Grab Jesus, ihrem *Rabbuni*, begegnet und so zur ersten

Auferstehungszeugin wird, sprang mir plötzlich dieser Satz des auferstandenen Jesus ins Auge. Schon oft habe ich ihn gelesen, aber seitdem lässt er mich nicht mehr los: *Noli me tangere.* Es gibt verschiedene Übersetzungsvarianten – sie reichen von »Fass mich nicht an« in der Zürcher Bibel über »Rühre mich nicht an« in der Elberfelder Bibel bis hin zu »Halte mich nicht fest« in der Einheitsübersetzung. Aber gerade der Imperativ »Fass mich nicht an!« klingt in mir als Betroffene besonders nach. Natürlich ist mir bewusst, dass diese Worte ursprünglich in einem anderen Kontext fielen. Dennoch halte ich es für bemerkenswert, dass uns hier ein Jesus begegnet, der ganz klare Grenzen zieht, der selbstbestimmt deutlich macht, dass er in diesem Augenblick nicht berührt werden will.

Wenn also einer der ersten Sätze des auferstandenen Jesus im Johannesevangelium *Noli me tangere* lautet, warum stellt dann die körperliche Selbstbestimmung ausgerechnet in der Kirche ein so geringes und wenig schützenswertes Gut dar? Wäre es nicht gerade angesichts der Missbrauchskrise geboten, *Noli me tangere* zum obersten Leitsatz für die Kirche, ihre Prävention, ihre Kinder- und Jugendarbeit, für die dringend notwendige Reform der missbrauchsbegünstigenden Strukturen sowie für eine Neuausrichtung der katholischen Sexualmoral zu erheben?

Eine von *Noli me tangere* geleitete Sexualmoral würde das Ethos der sexuellen Selbstbestimmung, der gegenseitigen Liebe und Verantwortung, das Konsens-Prinzip und den unschätzbaren Wert der menschlichen Würde fundamental ins Zentrum rücken.

Ein Kirchenrecht nach dem *Noli-me-tangere*-Prinzip würde sexualisierte Gewalt nicht mehr vorrangig als Verstoß gegen den Zölibat kleinreden. Es würde Missbrauch als Vergehen gegen das sexuelle Selbstbestimmungsrecht eines Menschen betrachten und somit explizit die Perspektive der Opfer und nicht die Perspektive der Institution und ihrer Vertreter einnehmen.

Homosexualität ist nicht die
Ursache für Missbrauch!

An dieser Stelle muss ich einen weiteren Aspekt zur Sprache bringen, weil sich auch darin auf erschreckende Weise die menschen- und lebensfeindliche, die verletzende, die ausgrenzende und nach falschen Kriterien beurteilende Seite der katholischen Sexualmoral zeigt. Und weil es auch in meinem engeren Umfeld gläubige LGBTIQ-Personen gibt, die aber die Flucht aus der katholischen Kirche antreten mussten, um seelisch überleben zu können. Und weil die MHG-Studie bei ihrer Analyse der missbrauchsbegünstigenden Faktoren explizit auf das Verhältnis der katholischen Sexualmoral zur Homosexualität eingeht und rät, »die grundsätzlich ablehnende Haltung der katholischen Kirche zur Weihe homosexueller Menschen (...) dringend zu überdenken.« Die »Erkenntnisse der modernen Sexualmedizin (müssen) dabei stärkere Berücksichtigung finden.«[22]

Immer wieder wird Homosexualität bei Priestern als vermeintliche Missbrauchsursache angeführt. Dagegen betont die MHG-Studie aber, dass »Homosexualität (...) kein Risikofaktor für sexuellen Missbrauch«[23] ist, sondern dass es *gerade* die homophobe Ausrichtung der katholischen Sexualmoral ist, die schlimmstenfalls dazu führt(e), dass homosexuelle Priester ihre Sexualität nicht bejahen können und sie so verdrängen oder abspalten müssen. Wer die Homosexualität von Priestern für die Missbrauchsfälle verantwortlich macht, der befeuert mit solchen Aussagen selbst die als missbrauchsbegünstigend einzustufenden homophoben Tendenzen in der katholischen Kirche und ist somit selbst Teil des Problems.

Auch hier braucht es eine »Ent-Sündigung« und eine neue Bewertung von LGBTIQ-Beziehungen, die auf Liebe, Treue und Gegenseitigkeit beruhen, und dementsprechend braucht es auch eine offizielle Form von kirchlicher Segnungsfeier für

LGBTIQ-Beziehungen. Darauf, dass auch eine Neubewertung der Homosexualität durchaus im Einklang mit der Bibel ist, haben in den letzten Jahren einige Theologinnen und Theologen in fundierten Analysen hingewiesen. So macht auch Ansgar Wucherpfennig SJ in seinem Aufsatz »Homosexualität und Pädosexualität« deutlich, dass »die amtliche Ablehnung von Homosexualität durch die katholische Kirche (...) nicht dem Wort Gottes«[24] entspricht und dass die biblischen Quellen vielmehr »einen Neustart in der Sexualmoral«[25] ermöglichen.

Es ist also höchste Zeit für neue Wege in der katholischen Sexualmoral – weg von einer verletzenden, tabuisierenden, ausgrenzenden und sogar missbrauchsbegünstigenden Moral und hin zu einer menschenfreundlichen, inklusiveren, lebensnahen und evangeliumsgemäßeren und glaubwürdigeren Beziehungsethik. Im Bereich der Moraltheologie gibt es Theologinnen und Theologen, die diesbezüglich neue Ansätze entfaltet haben. Sie werden aber seitens des Lehramtes kaum bis gar nicht rezipiert.

Ein hilfreicher Schritt in diese Richtung wäre vielleicht eine Art Bußschweigen der katholischen Kirche in Sachen Sexualität. Die Kirche sollte, nachdem sie über Jahrhunderte ihre Gläubigen mit ihrer Sexualmoral bevormundet, beeinträchtigt, gehemmt und verletzt hat, bis auf Weiteres schweigen und stattdessen lieber zuhören: den Gläubigen, den Humanwissenschaften, den Missbrauchsbetroffenen, den LGBTIQ-Personen, den Transmenschen, den Verletzten, den Ausgegrenzten und natürlich dem Evangelium – und dann darauf basierend umkehren, sich wandeln und einen Neubeginn in eine bessere Zukunft wagen.

EINE KIRCHE DER FRAUEN

Ich sitze gemeinsam mit anderen KPE-Pfadfinderinnen auf einer Wiese neben unserem Zeltplatz und muss wieder einmal einen dieser endlosen Vorträge von Pater Dietmar über die »Heilige Muuutter Maria« über mich ergehen lassen. Immer wieder spricht er davon, dass die Heilige Maria der Inbegriff von Demut, Gehorsam und Hingabe war, dass sie sich selbst erniedrigte und sich mit Leib und Seele Gott und seinem Willen unterwarf. Aber für Pater Dietmar war Maria nicht nur ein glühendes Vorbild in Sachen Gefügigkeit und Selbstaufopferung, sondern durch ihre immerwährende Jungfräulichkeit auch ein Leitstern für ein Leben in völliger Reinheit und Keuschheit. Am Ende seines Sermons schärft er uns noch einmal ein, dass wir alles daransetzen sollten, diesem größten und heiligsten aller Vorbilder nachzueifern, ihr ähnlich zu werden, uns ganz in Demut, Reinheit und Hingabe zu üben und unser Leben dem unbefleckten Herzen Mariens zu weihen.

Während seines Vortrags sitze ich da und reiße vor Wut büschelweise Gras aus. Ich kann diese Vorträge von Pater Dietmar, seine unaufhörliche Litanei über die »Muuuutter Maria« nicht mehr hören! All das widerstrebt mir und meinem inneren Kompass zutiefst und zudem weiß ich doch inzwischen nur zu gut, dass eine tiefe Kluft zwischen seinen Worten und seinem eigenen Handeln liegt.

Aber es ist nicht nur Pater Dietmar, der einem völlig verzerrten Marienideal huldigt, sondern diese extreme Form der Marienverehrung herrscht in der gesamten KPE vor. Mit eklektisch herausgerissenen Bibelzitaten wie »Auf die Niedrigkeit seiner

Magd hat er geschaut« oder »Siehe ich bin die Magd des Herrn, mir geschehe nach Deinem Wort« wird das Ideal einer gefügigen, dienenden, sich selbst erniedrigenden und aufopfernden Maria kreiert. Darüber hinaus ist Maria *die* Fürsprecherin der Menschen bei Gott und *die* Retterin aus einer vom Satan durchdrungenen und übersexualisierten Welt – zumindest, wenn man bei der obligatorischen Marienweihe ihrem unbefleckten Herzen sein ganzes Leben überschreibt. Ihr sollen wir Mädchen gleich werden, nach ihrem Bilde sollen wir geformt werden. So ist es auch kein Zufall, dass die Pfadfinderinnenkluft – ganz marianisch – aus einem hellblauen Hemd, einem langen dunkelblauen Rock und einem blauen Barett besteht.

Gleichzeitig wird dem (unerreichbaren) Ideal der Maria das negative Bild der sündhaften und verführerischen »normalen« Frau gegenübergestellt. Von Pater Dietmar habe ich beispielsweise gelernt, dass wir Mädchen auf unseren Zeltlagern auch im heißesten Sommer nicht im Badeanzug herumlaufen dürfen, weil er sich sonst von uns »in Versuchung geführt fühlt« – Täter-Opfer-Umkehr *par excellence*.

Kein Wunder also, dass ich als Jugendliche die Flucht ergreifen und alles »marianisch Gefärbte« hinter mir lassen musste.

Eine Empowerment-Hymne

Zweiundzwanzig Jahre später sitze ich vor meinem Laptop und öffne gespannt den Account meines Theologie-Fernkurses, denn soeben sind die Themen der anstehenden Prüfung bekannt gegeben worden. Mit großer Freude entdecke ich meine Lieblingsgebiete: christliche Ethik, Kirchengeschichte des 20. Jahrhunderts, zentrale Texte des Alten Testaments – aber dann das: Mariologie! Ausgerechnet das Thema, um das ich seit Beginn des Studiums einen großen Bogen gemacht habe. Aber jetzt gibt es kein Entkommen, ich muss mich mit dieser Thematik befassen und mich in den für die Prüfung ausgewählten, nicht sonderlich »innovativen« Lehrbrief einarbeiten.

Nach der Beendigung meiner Lektüre voller unschöner Déjà-vus werfe ich den Mariologie-Lehrbrief innerlich wie äußerlich in die Ecke und beschließe, mir lieber ein eigenes Bild von Maria zu machen und mir einen eigenen Zugang zu erarbeiten. Ich suche in der Bibel und in theologischen Büchern nach Aussagen über die Mutter Jesu und stoße bei meiner Lektüre natürlich auch auf das »Magnificat«. Und da ist er wieder, dieser Satz, der mich durch meine Kindheit und Jugend verfolgt hat: »*Auf die Niedrigkeit seiner Magd hat er geschaut*«. Es widerstrebt mir, weiterzulesen, aber ich muss mich ja auf meine Prüfung vorbereiten. Also versuche ich, meine innere Abwehr zu überwinden und mit dem »*Magnificat*« fortzufahren.

Beim Weiterlesen entdecke ich zu meiner großen Überraschung und Begeisterung eine Maria, die so gar nicht dem Bild entspricht, das mir als Mädchen aufgezwungen worden war. Ich entdecke eine Maria, die gerade nicht demütig, brav, still und gefügig ist, sondern die – vom Heiligen Geist erfüllt – unerschrocken, selbstbewusst, leidenschaftlich und geradezu revolutionär auftritt. Ich entdecke eine Maria, die – aus ihrer eigenen Erniedrigung und Ohnmacht befreit – nichts weniger als eine völlige Umkehrung der herrschenden Unterdrückungssysteme prophezeit:

Er hat Machttaten vollbracht mit seinem Arm,
er zerstreut, die im Herzen voll Hochmut sind.
Gewaltige hat er vom Thron gestürzt
und Niedrige erhöht.
Hungrige hat er erfüllt mit Gütern
und Reiche leer davongeschickt.

(Lk 1,51–53).

Und ich entdecke eine Maria, die erst durch ihre selbstbestimmte Zusage, erst durch ihr bewusstes Ja zu Gottes Plänen das Heilsgeschehen überhaupt möglich macht.

Seit diesem Tag zählt das *Magnificat*, dieser Empowerment-Hymnus über die Errettung aus Erniedrigung und Ohnmacht, zu meinen absoluten Lieblingsbibelstellen. Inspiriert und beflügelt durch das *Magnificat* nähere ich mich Maria immer mehr an, spüre ihr weiter in der Bibel nach und verschlinge Werke feministischer Theologinnen. Angesichts der anstehenden Prüfung beschließe ich, etwas zu »pokern« und mich weniger an die Inhalte und Thesen des Lehrbriefes, sondern an die »Mariologie« zu halten, die ich mir durch meine Lektüre und Reflexion selbst erschlossen habe. Tatsächlich werden in der Prüfung Fragen zu diesem Themengebiet gestellt. Statt einfach den Lehrbrief wiederzugeben, berichte ich von meinem ganz persönlichen »Maria-Weg«: davon, wie toxisch diese verzerrten und ideologisierten Bilder sein können und welche Aspekte es an Maria gibt, die auch moderne, feministische Katholikinnen ansprechen und ermutigen können. Jetzt warte ich vor der Tür nervös auf das Ergebnis der Prüfung. Wird mir meine eigene Interpretation negativ oder positiv angerechnet? Und ich habe Glück. Meine eigene Erschließung des mariologischen Themenkomplexes wird mit einer Eins belohnt. Erleichtert und voller Freude laufe ich durch den Flur nach draußen und zwinkere einer in einem Hauswinkel stehenden Marienstatue beim Vorbeigehen verschwörerisch zu.

Schluss mit der Männerkirche

Auf Twitter stellte kürzlich eine Userin folgende Frage: »*Who made you a feminist?*«, und ich antwortete geradezu reflexartig: »*Catholic priests*«. Und je länger ich darüber nachdenke, desto zutreffender finde ich meine spontane Antwort, denn es waren in der Tat besonders katholische Priester beziehungsweise die klerikalistischen Missstände in der katholischen Kirche, die mich endgültig zur Feministin gemacht haben.

Bei der Aufarbeitung meines Falles, bei meiner Recherche zu Pater Dietmar sowie im Zuge meiner allgemeinen Auseinandersetzung mit dem Thema Missbrauch in der katholischen Kirche ist mir noch einmal klar geworden, dass Missbrauch an Mädchen und Frauen in der Kirche auch sehr eng mit dem katholischen Frauenbild, der allgemeinen Diskriminierung von Frauen und mit den patriarchalen Strukturen verknüpft ist. Und obwohl die Frauenfrage in der MHG-Studie nur ganz am Rande zur Sprache kommt, so haben doch in letzter Zeit weiterführende Untersuchungen, die wegweisende Tagung »Gewalt gegen Frauen in Kirche und Orden« sowie viele Zeugnisse betroffener Frauen in »Erzählen als Widerstand« deutlich gemacht, dass auch die Frauenfrage in der katholischen Kirche dringend im Lichte der Missbrauchskrise betrachtet werden muss.

Da sind zum einen die patriarchalen Machtasymmetrien, an deren Spitze ausschließlich geweihte Männer stehen, dann kommen die ungeweihten Männer und dann erst die Frauen. Und klar ist: Je weiter unten jemand in dieser Hierarchie steht, desto größer ist die Gefahr, dass sie oder er Opfer von Missbrauch wird.

Zudem weisen zahlreiche Missbrauchsstudien immer wieder auf den Problemfaktor Männerbündigkeit hin. Extrem enge, teilweise schon seit dem Priesterseminar bestehende, hermetische Klerikerbünde begünstigen, dass sich bei einem Missbrauchsfall der schützende Mantel der männlichen Seilschaften über den Täter legt und der Schutz der Opfer vernachlässigt wird oder gar völlig ausbleibt. Der im Kölner Gercke-Gutachten veröffentlichte Name der Meisner'schen Giftakten – »Brüder im Nebel« – offenbart genau diese Problematik: Hier herrschten mehr Fürsorge und Schutz für die brüderlichen Täter als für die Opfer sowie Vertuschung, Schweige-Omertà und Intransparenz vor.

Nicht vergessen werden darf darüber hinaus die in manchen katholischen und besonders in den fundamentalistischen Kreisen immer noch kursierende, hochproblematische Dichotomie von zwei Frauenbildern, wie ich sie ebenfalls als Mädchen und Jugendliche erleben musste. Da ist einerseits das Idealbild der reinen, dienenden, gehorsamen und demütigen Maria, das leider viel zu oft genutzt wurde und wird, um Frauen zu passiven, alles erduldenden Verfügungsobjekten zu degradieren. Und da ist andererseits das Bild der »normalen« Frau als Sünderin und Verführerin, das sich fatalerweise optimal für Täter-Opfer-Umkehr-Strategien eignet. Dass eine solche Dichotomie nicht nur hochgradig misogyn ist und den biblischen Quellen widerspricht, sondern darüber hinaus auch einen perfekten Nährboden für (Macht-)Missbrauch bietet, habe ich am eigenen Leib und an der eigenen Seele erfahren müssen. Auch ich war als Mädchen und junge Frau einem Priester ausgesetzt, für den Frauen offenbar eine Mischung aus Gefahrgut und Verfügungsobjekt waren und dem das Lehramt und das katholische Frauenbild offenbar eine Legitimation für diese Sichtweise bot. Zudem werde ich den Verdacht nicht los, dass der Missbrauch und die damit einhergehende Angst auch ein Mittel von Pater Dietmar war, um aufmüpfige und ungefügige Mädchen wie mich zu brechen.

Aber neben der missbrauchsbegünstigenden Seite der Frauenfrage gibt es natürlich auch noch die generell herrschende und himmelschreiende Geschlechterungerechtigkeit in der katholischen Kirche, in der Frauen zwar offiziell die gleiche Würde, aber nicht die gleichen Rechte besitzen. Schließlich dürfen Frauen (im 21. Jahrhundert!) weder zur Diakonin noch zur Priesterin – geschweige denn zur Bischöfin oder Päpstin – geweiht werden. Diese patriarchalen Zustände und dieser Ausschluss der Frauen vom Priesteramt lassen mich regelmäßig verzweifeln und immer wieder aufs Neue zur Feministin werden:

Statt die vielen wunderbaren, fähigen und sich berufen fühlenden Frauen – von denen sich einige im wegweisenden Sammelband »Weil Gott es will« auf beeindruckende Weise zu Wort gemeldet haben – zur Weihe zuzulassen, verwehrt man ihnen aus theologisch fragwürdigen Gründen diesen Schritt und riskiert so das Ausbluten von Gemeinden und ein Verkümmern der Sakramente und des Evangeliums. Die Herausgeberin des Bandes, Schwester Philippa Rath, brachte es in einem Interview mit katholisch.de auf den Punkt: »Ich bin überzeugt, dass unsere katholische Kirche, so wie sie jetzt als ›klerikale Männerkirche‹ erscheint, eine ›amputierte‹ Kirche ist, weil sie mehr als die Hälfte aller Gläubigen, nämlich die Frauen, von den Weiheämtern ausschließt.«[26]

Statt ihren weltweiten Einfluss zu nutzen, um ein starker und glaubwürdiger Global Player für Frauenrechte zu werden, droht die katholische Kirche vielmehr zur letzten Bastion von Frauendiskriminierung und Misogynie zu werden. Statt auf erhellende »Schwestern im Licht« setzt man lieber auf verdunkelnde »Brüder im Nebel«. Statt auf den äußerst wertschätzenden und für seine Zeit höchst progressiven Umgang Jesu mit den Frauen in seinem Umfeld zu blicken, instrumentalisiert man seinen vermeintlichen Willen für ein Verbot der Frauenweihe. Dabei wissen wir doch aus dem Neuen Testament, dass Jesus den Frauen mit sehr viel Respekt, Wertschätzung und auf Augenhöhe begegnete und dass die Frauen – ungewöhnlich für seine Zeit – ein fester Bestandteil seiner Gemeinschaft waren. Ebenso wissen wir, dass Frauen in der Urkirche wichtige Funktionen und Ämter innehatten, die man ihnen später mehr und mehr versagt hat. Und statt auf die vielen starken, wegweisenden und ermutigenden Frauen in der Bibel und in der Kirchengeschichte zu blicken und ihre Erinnerung hochzuhalten, versucht(e) man über Jahrhunderte, sie unsichtbar zu machen und zum Verstummen zu bringen.

Gerade im Neuen Testament gibt es so viele kluge und beeindruckende Frauen, die sich für christliche Feministinnen wie mich wunderbar als Vorbild eignen und die uns Katholikinnen und Katholiken der Gegenwart so viel zu sagen haben: Da ist Maria, die Mutter Jesu, die im »Magnificat« zur prophetischen Vorkämpferin für alle Ohnmächtigen und Erniedrigten wird, bei der Jesus den intensiven Glauben und den Kampf für Gerechtigkeit mit der Muttermilch aufgesogen hat, die als eine der Ersten das Potenzial und den Auftrag ihres Sohnes erkannte und freisetzte, die unter größten seelischen Schmerzen unter dem Kreuz ausharrte und die schließlich eine der zentralen Figuren der nachösterlichen Gemeinde wurde. Da ist Maria Magdalena, die »Apostelin der Apostel«, die Jüngerin und enge Vertraute Jesu, die ebenfalls unter dem Kreuz mitlitt. Während die meisten männlichen Gefährten Jesu feige geflohen waren, wollte sie unter Lebensgefahr den Leichnam Jesu salben und wurde so zur ersten Auferstehungszeugin. Ohne ihren Bericht gäbe es keine Osterbotschaft und vermutlich auch kein Christentum und keine Kirche.

Wir finden im Neuen Testament noch viele andere wichtige und wegweisende Frauen wie Junia, Phoebe, Thekla und Lydia, die aber ein patriarchales Kirchensystem für lange Zeit unsichtbar gemacht oder sogar bewusst diskreditiert hat: Aus Jesu Mutter Maria wurde ein eingehegtes und verzerrtes Idol der Demut, Gefügigkeit und Asexualität. Maria Magdalena wurde zur Hure gemacht und als Inbegriff der Sünderin und Verführerin diffamiert und aus Junia wurde in der Überlieferung kurzerhand ein Mann: Junias.

So kann und darf es nicht bleiben! Denn wenn es eine Form von Spaltung gibt, vor der die katholische Kirche wirklich Angst haben sollte, dann ist es die der Abspaltung der Frauen, der *»Women-drain«*. Denn der Exodus der Frauen wäre zugleich auch der Exitus der Kirche.

Aber was können wir Frauen – und natürlich auch Männer – tun, um endlich Geschlechtergerechtigkeit in der Kirche herzustellen, um ein toxisches Frauenbild zu entgiften, um missbrauchsbegünstigende und kaputtmachende Strukturen zu reformieren und die

Kirche auch in Frauenfragen wieder evangeliumsgemäßer, zukunftsfähiger und neu zu machen? Hier mein Aufruf:

Erster Aufruf: Gleiche Würde, gleiche Rechte, gleiche Weihe

Die strukturelle Sünde der Diskriminierung der Frauen in der Kirche muss umgehend beendet werden. Punkt. Die vorherrschenden priesterlichen Machtmonopole müssen aufgebrochen und die klerikalistischen, patriarchalen und missbrauchsbegünstigenden Strukturen endlich radikal reformiert werden. In Sachen Geschlechtergerechtigkeit genügt es natürlich nicht, lediglich mehr Frauen in Leitungspositionen zu hieven und dabei die grundsätzliche Diskriminierung und den Weiheausschluss von Frauen in der katholischen Kirche aufrechtzuerhalten. Echte Geschlechtergerechtigkeit bedeutet gleiche Würde *und* gleiche Rechte *und* gleiche Weihe für alle!

Allerdings soll an dieser Stelle nicht verschwiegen werden, dass es sich zwar bei den Missbrauchstätern in der katholischen Kirche fast ausschließlich um männliche Kleriker handelte, es aber auch Fälle gab, in denen Frauen sexuellen Missbrauch begingen, und Machtmissbrauch sowie geistlicher Missbrauch sind natürlich keine alleinigen Männerdomänen. Deshalb sollte Macht in der katholischen Kirche zwar unbedingt geschlechtergerecht gestaltet – aber dabei insgesamt reduziert, besser kontrolliert, transparent gemacht und partizipativer ausgeübt werden. Vielleicht ist es darüber hinaus an der Zeit, das priesterliche Amt komplett neu, tragfähiger, gegenwartstauglicher und dabei natürlich geschlechtergerecht zu denken.

Zweiter Aufruf: Bildet Banden

Auch in der Frauenfrage gilt: Zusammen ist man weniger allein und gemeinsam sind wir stärker! Deshalb ist es auch essenziell, dass wir Frauen das tun, was die männlichen Kleriker schon die ganzen letzten Jahrhunderte getan haben: »Banden bilden«, uns zusammenschließen, verbünden, vernetzen, solidarisieren und bestärken – und so können wir mit vereinten Kräften für Frauenrechte und für Veränderungen in der katholischen Kirche kämpfen!

Gute Beispiele hierfür sind die großen katholischen Frauenverbände wie die Katholische Frauengemeinschaft Deutschland (kfd) mit 400.000 Mitgliedern und der Katholische Deutsche Frauenbund (KDFB) mit 180.000 Mitgliedern sowie diverse Fraueninitiativen wie Maria 2.0, die sich für Geschlechtergerechtigkeit, Frauenordination und Strukturreformen starkmachen. In diesen »Frauenbanden« können wir Frauen gemeinsam gegen Diskriminierung, klerikalistische, patriarchale und missbrauchsbegünstigende Strukturen vorgehen, uns mit vereinten Stimmen Gehör verschaffen und so mit vereinten Kräften einiges in Bewegung bringen. Und es sind aktuell besonders die Frauengruppierungen, die öffentlich und vehement für eine lückenlose Aufarbeitung und für Gerechtigkeit für die Betroffenen eintreten.

Und tatsächlich sind es auch diese Solidarität, dieses Empowerment, diese Dynamik und auch die geistliche Tiefe, die ich bei Veranstaltungen dieser Frauengruppen regelmäßig spüre, die mir immer wieder aufs Neue Kraft und Hoffnung geben. Ganz oft denke ich mir bei diesen Treffen: Die katholische Kirche ist so viel mehr als eine Ansammlung von Klerikern, »das System« oder der Papst. Nein, *das* ist auch Kirche! Wir Frauen sind *auch* Kirche! Das, was wir Frauen hier tun, ist *auch* eine Form von Gottes-Dienst!

Die Notwendigkeit einer weiblichen Vernetzung betrifft aber natürlich nicht nur den deutschsprachigen katholischen Raum. Sie gilt weltweit, denn mit unserem Kampf für Geschlechtergerechtigkeit in der katholischen Kirche sind wir nicht allein. Überall auf der Welt, von den Philippinen über Indien und Afrika bis Südamerika, gibt es katholische Fraueninitiativen, die für Frauenrechte in der katholischen Kirche und gegen klerikalistische

Männerbünde aufstehen – auch wenn von Seiten Roms gerne das Narrativ gestrickt wird, dabei handele es sich lediglich um ein europäisches Phänomen. Dem ist nicht so! Jetzt gilt es, diese Initiativen, Stimmen und Kräfte noch stärker international zu vernetzen, zu bündeln und so noch wirksamer zu machen. Ein gutes Beispiel hierfür ist die internationale Initiative *Voices of Faith*, in der Frauen auf Weltkirchenebene gegen die systemische Diskriminierung und für mehr weibliche Führungskräfte in der katholischen Kirche kämpfen.

So können wir gemeinsam vorangehen, neue Wege beschreiten, Fakten schaffen und immer wieder gegen die gläsernen Decken der katholischen Kirche anhämmern – bis sie eines Tages zerspringen.

Dritter Aufruf: Schaut ins Evangelium

All die starken, mutigen und glaubensstarken Frauen in den Evangelien und in den anderen Texten des Neuen Testaments, von Jesu Mutter Maria über Maria Magdalena bis hin zu Junia, Phoebe und Lydia, die so lange unsichtbar gemacht und zum Verstummen gebracht, verzerrt und instrumentalisiert wurden, gilt es wieder sichtbar und hörbar zu machen. Die dunklen Ablagerungen über ihren Bildern müssen abgeschlagen und ihr wahrer Kern wieder zum Vorschein gebracht werden. Denn sie haben uns feministischen Katholikinnen so viel Ermutigendes und Bestärkendes zu sagen! Hier wäre auch die Theologie gefragt und zum Glück gibt es bereits einige feministische Theologinnen, die einen großen Beitrag bei der Wiedersichtbarmachung dieser Frauen sowie bei der »Entgiftung« des katholischen Frauenbildes leisten. Deren Forschungen müssen nun zum einen weiter gefördert werden und zum anderen muss endlich auch das Lehramt diese Forschungen ernst nehmen und Konsequenzen daraus ziehen.

Besonders was die Mutter Jesu angeht, so ist es höchste Zeit für eine entideologisierte, gegenwartstauglichere und gleichzeitig bibelbasiertere Mariologie – weg vom Bild einer allzeit dienenden, gefügigen und reinen Maria hin zur prophetischen, revolutionären Maria des *Magnificats*. Auch hier hat zum Beispiel die Befreiungstheologie wichtige Vorarbeiten geleistet, die endlich von der Amtskirche rezipiert werden müsste. Ein solches Marien-Bild würde Frauen nicht mehr in die dienende und passive Rolle drängen und böte sich auch nicht mehr zur Täter-Opfer-Umkehr an. Und mit diesem weiblichen Vorbild im Rücken und dem *Magnificat* auf den Lippen können wir Frauen noch stärker gegen Diskriminierung, gläserne Decken und patriarchalische Betonwände ankämpfen.

Vierter Aufruf: Gott ist kein Mann

Es braucht eine neue Rede von Gott*. Viel zu lange hat auch in der katholischen Kirche die patriarchale Rede von einem männlichen Gott dominiert. Die Männer hatten in der Kirche die alleinige Macht inne und somit auch die alleinige Macht über die Gottesrede. Aber was ist das für eine Anmaßung, was für ein Sakrileg, Gott – der doch *semper* major, *immer* größer als sämtliche menschliche Zuschreibungen ist – in ein männliches Korsett zwingen zu wollen! Dabei wissen wir doch bereits aus dem Alten Testament:

> *Gott schuf den Menschen als sein Bild, nach dem Bild Gottes schuf er ihn, als Mann und Frau schuf er sie. (Gen 1,27)*

In Gott, der zugleich den menschlichen Kategorien entzogen und doch den Menschen eng verbunden ist, entfaltet und spiegelt sich die gesamte geschlechtliche Bandbreite und Vielfalt wider. So lernen wir im Alten Testament auch nicht nur die männliche, sondern mit Sophia auch die weibliche Seite Gottes kennen. Und auch *Ruach,* der Geist Gottes, ist im Hebräischen weiblich. Dieses Wissen um die Vielgestaltigkeit und Vielgeschlechtlichkeit Gottes muss wieder ins Bewusstsein geholt, weitergetragen werden und in eine neue, befreitere und auch geschlechtergerechtere Rede von Gott* münden.

Vielen Frauen, denen Missbrauch durch einen Mann geschehen ist (sei es im kirchlichen, familiären oder in einem anderen Kontext), wurde – neben vielen anderen schlimmen Folgen – mit diesem männlich geprägten und gedachten Gottesbild auch der Glaube an Gott vergiftet, ja sogar verunmöglicht und ihnen wurde so auch der Zugang zu einer potenziellen Kraft- und Resilienzquelle versperrt. Durch eine »entmännlichte« Gottesrede und das Wissen um »Schwester Gott«, wie die bereits erwähnte Dichterin Carola Moosbach in ihren Gedichten ihr neu entdecktes tröstendes und heilendes göttliches Gegenüber nennt, könnte man auch betroffenen Frauen eine neue Möglichkeit eröffnen, zu dieser kontaminierten Kraftquelle zurückzukehren:

Du musst mich jetzt tragen ich kann nicht mehr Gott
fang mich auch wenn ich falle
und auch
wenn ich springe halt mich fest Schwester Gott
lass Du mich nicht fallen in Ewigkeit

Amen[27]

Fünfter Aufruf: Macht euch auf den Weg

Gott sei Dank wurde – auf Betreiben des ZdK – kurz vor Start des Synodalen Weges noch ein viertes Forum hinzugefügt, das den Titel »Frauen in Diensten und Ämtern« trägt und das sich die Geschlechtergerechtigkeit in der katholischen Kirche auf die

Fahnen geschrieben hat. Hier haben wir Synodale die Möglichkeit, klare und deutliche Forderungen zu formulieren und so ein starkes und ermutigendes Signal an die Frauen in der Weltkirche zu senden, deren Stimmen noch immer marginalisiert oder unterdrückt werden. Dieser Verantwortung sollten wir gerecht werden und diese Chance sollten wir unbedingt nutzen! Denn – auch wenn sich einige Kirchenverantwortliche gerne dieses Narrativs bedienen – die Forderung nach mehr Geschlechtergerechtigkeit in der Kirche ist eben NICHT nur ein »deutsches Phänomen«, sondern die Frauenfrage ist vielmehr eine weltkirchenweite und zukunftsentscheidende Angelegenheit, wie die bereits genannte Initiative *Voices of Faith* und andere Bewegungen deutlich machen.

Und *last but definitely not least* gibt es noch einen weiteren wichtigen Grund, weshalb ich mich für mehr Geschlechtergerechtigkeit in der katholischen Kirche einsetze: Ich habe eine sechsjährige Tochter und ihr möchte ich eine bessere Kirche hinterlassen. Eine Kirche, in der Frauen und Männer nicht nur die gleiche Würde, sondern auch die gleichen Rechte haben. Eine Kirche, die Mädchen zu selbstbewussten und starken Frauen heranwachsen lässt. Eine Kirche, in der ihr alle Möglichkeiten offenstehen.

DIE FAMILIEN-
»GOTTGLAUB-PARTY«

Die Türen des Busses öffnen sich, wir Mädchen drängen aufgeregt hinein und suchen uns einen freien Sitzplatz. Der ganze Bus ist erfüllt von einer freudigen Stimmung, es wird erzählt und gekichert, eine Tüte Gummibärchen macht die Runde – da knarzt der Bus-Lautsprecher und eine der KPE-Leiterinnen meldet sich zu Wort. Sie begrüßt uns noch einmal und verkündet dann: »Und jetzt ist es Zeit für den Rosenkranz!« Ihre Stimme soll enthusiastisch klingen, aber in ihr schwingt eine Striktheit und Härte mit, die mich frösteln lässt und die klarmacht: Es wird kein Widerspruch geduldet! Es wird jetzt der Rosenkranz gebetet und damit Schluss aus!

Da ist er wieder, dieser ständige religiöse Drill, der auf sämtlichen KPE-Veranstaltungen vorherrscht: Immer und immer wieder dieser Zwang zum täglichen Rosenkranz, zum täglichen Gottesdienst, zu den vielen anderen Pflichtgebeten, zur Beichte, zur ewigen Anbetung u.v.m. Man *muss* mitmachen, ob man will oder nicht. Wenn man sich widersetzt, dann zieht es Sanktionen und Ausgrenzung nach sich. Ich versuche, das Gespräch mit meiner Sitznachbarin flüsternd fortzusetzen, werde aber erwischt und sofort zurechtgewiesen.

Ich gebe auf und stimme in den Gebetschor des Busses ein.

»Gegrüßet seist du Maria, voll der Gnade, der Herr ist mit Dir ...«

Während ich das Gebet runterrattere, blicke ich durch das Busfenster auf die malerische Landschaft, die an uns vorbeizieht.

Ich habe inzwischen aber immerhin gelernt, die einzelnen Rosenkranzgebete nach außen hin geradezu automatisch vor mich hinzumurmeln und währenddessen meine Gedanken schweifen zu lassen.

»… Du bist gebenedeit unter den Frauen …«

Ich denke daran, dass ich einmal während eines Rosenkranzgebetes einer Gruppenleiterin gedankenversunken zugelächelt habe und sie mich danach zur Seite genommen und angeschnauzt hat, wie ich dazu komme, sie während des heiligen Rosenkranzes so unverschämt anzugrinsen.

»… und gebenedeit ist die Frucht Deines Leibes …«

Ich denke daran, dass wir jetzt zu Hause einen Hausaltar haben, auf dem Ikonen, Heiligenbilder und Kerzen stehen. Dort müssen wir uns als Familie versammeln, Andacht halten, beten, (lateinische) Lieder singen oder den Rosenkranz beten.

»… Heilige Maria, Mutter Gottes, bitte für uns Sünder …«

Ich werde mir mit fünfzehn Jahren schwören, *nie wieder* den Rosenkranz zu beten, *nie wieder* beichten zu gehen und meine Kinder, sollte ich jemals welche haben, NIE zu irgendetwas Religiösem zu zwingen.

»… jetzt und in der Stunde unseres Todes. Amen.«

Ein anderes Gottesbild für meine Kinder

Mehr als zwei Jahrzehnte später werde ich selbst zum ersten Mal Mutter. Ich, die ich zu diesem Zeitpunkt eigentlich gar nichts mehr mit der Kirche zu tun haben will, beginne aus bereits erwähnten Gründen, mich wieder verstärkt mit religiösen Themen zu befassen.

Ich suche und finde, unterscheide und experimentiere und das, was ich als hilfreich und guttuend empfinde, lasse ich auch in die religiöse Erziehung unserer Kinder einfließen, alles andere vermeide ich.

Bei alledem nehme ich mir aber eines ganz besonders vor: Ich möchte im religiösen Bereich *niemals* Druck oder Zwang ausüben, sondern ich will vielmehr versuchen, unseren Kindern immer wieder ein religiöses »Angebot« zu machen, in der Hoffnung, dass sie darin etwas finden, das sie durch ihr Leben trägt. Ich will, dass sie Religion als etwas Sinnstiftendes, Bereicherndes, Tröstendes und Haltgebendes und auf keinen Fall als etwas Bedrohliches, Beängstigendes, Einengendes und Verpflichtendes empfinden. So lesen wir regelmäßig zusammen in der Kinderbibel, sprechen über religiöse und philosophische Themen, feiern die Kirchenfeste zusammen und unsere Kinder beteiligen sich am Krippenspiel.

Es gibt aber auch Rituale und Traditionen, die mir nach wie vor widerstreben. So hadere ich zum Beispiel aufgrund meiner Vergangenheit sehr mit dem Thema Gute-Nacht-Gebet. Ich will nicht, dass Gebete für meine Kinder etwas sind, das man aus Pflichtbewusstsein »abarbeitet«. Lieber spreche ich manchmal abends vor dem Einschlafen mit meinen Kindern über die Erfahrungen, die sie den Tag über bewegt haben, und frage sie dann regelmäßig vor dem Lichtlöschen: »Und wer passt heute Nacht besonders gut auf euch auf?«, und sie antworten dann meistens: »Gott«. Angesichts meiner eigenen negativen Erfahrungen mit der Vorstellung eines strafenden, ja bedrohlichen Gottes ist es mir sehr wichtig, meinen Kindern im Gegensatz dazu ein positives, freundschaftliches und liebevolles Gottesbild zu vermitteln. Ich hoffe sehr, dass sie sich diese Vorstellung bewahren können und dass dies ihnen Halt im Leben geben wird.

Folgender abendlicher Dialog mit meinem damals siebenjährigen Sohn hat mich deshalb sehr berührt: Ich saß kürzlich vor dem Einschlafen auf seiner Bettkante und wir redeten über »Gott und die Welt«, als er mir berichtete: »Weißt du, Mama, wenn ich abends im Bett liege, unterhalte ich mich manchmal mit Gott.« – »Oh, das ist schön! (…) Und warum eigentlich abends?« – »Da ist es dunkel, da kann ich Gott besser hören.«

Ein anderer Aspekt, mit dem ich angesichts meiner Vergangenheit nach wie vor immer wieder hadere, ist die Frage, ob oder in welchem Umfang ich meine Kinder an die Institution Kirche heranführen darf. Zu tief sind immer noch meine Wunden, zu klein ist mein Vertrauen in diese Institution, zu groß ist mein Schutzinstinkt als Mutter. Andererseits fühle ich mich ja in meiner Gemeinde vor Ort zu Hause, engagiere mich dort und will dies bis zu einem gewissen Grad auch mit meinen Kindern teilen.

Die Institutionsfrage wird noch einmal akuter, als die Entscheidung, ob unser ältester Sohn zur Erstkommunion gehen möchte, ansteht. Ich ringe mit mir, erkläre unserem ältesten Sohn, was die Erstkommunion konkret bedeutet, was damit so alles auf ihn zukommen wird, und überlasse ihm frei die Entscheidung. Ergebnis: Er möchte gerne seine Erstkommunion feiern.

Die Zeit der Kommunionvorbereitung – die auch noch in dieselbe Zeit wie meine Aussage vor dem Kirchengericht fällt – stellt für mich eine noch größere Herausforderung dar, als ich befürchtet hatte. Auf der einen Seite finde ich es schön, dass sich mein Sohn in seiner Kommuniongruppe gut aufgehoben fühlt, dort viele gute Impulse erhält und so den Glauben ganz anders und besser kennenlernen darf als ich in seinem Alter. Auf der anderen Seite frage ich mich ständig, ob ich das überhaupt darf: mein Kind in diese Institution Kirche hineinwachsen lassen, mein Kind dieser Kirche anvertrauen. Jedenfalls habe ich ein sehr genaues Auge auf die Inhalte, die in der Vorbereitung vermittelt werden und spreche viel mit unserem Sohn darüber.

Gleichzeitig bemühe ich mich, nicht unbewusst irgendwelche Ängste auf ihn zu übertragen. Denn die Ängste, die Erinnerungen und die Zweifel sind immer da und brechen sich immer wieder Bahn – zum Beispiel beim Elterninformationsabend zum

Thema Beichte, bei dem ich höchst aufgewühlt und den Tränen nahe in meiner Kirchenbank sitze. Als dann die Gemeindereferentin auch noch davon zu sprechen beginnt, dass »ja sicher einige von den Eltern auch mal negative Erfahrungen in der Beichte machen mussten«, wird mir schwindelig und mir laufen nur noch die Tränen herunter, sodass ich die Kirche verlassen muss. Draußen sitze ich dann weinend im Regen, auf den Stufen vor unserer Kirche, und frage mich wie so oft, warum ich mir das eigentlich antue und warum ich nicht einfach alles hinschmeiße.

Zum Glück sind da unser Gemeindepfarrer und andere Gemeindemitglieder, die mich auffangen und mich weiter begleiten. Meinen Sohn informiere ich genauer darüber, was die Grundidee hinter der Beichte ist, und überlasse ihm die Entscheidung. Er möchte aber tatsächlich gerne beichten gehen – und tut es schließlich bei unserem Pfarrer, bei dem Priester, dem ich meinen eigenen Missbrauchsfall anvertraut habe und der mich bei meiner Aufarbeitung unterstützt hat. Am Abend vor der Erstkommunionsfeier schreibe ich bei Twitter:

> *Morgen feiert mein ältestes Kind Erstkommunion. Und selten hat mich mein ›innerer Spagat‹ so in die Nähe des Zerreißens gebracht. Auf der einen Seite war dieser Weg für mich positiv und versöhnend. Auf der anderen Seite hat mich z. B. der Eltern-Info-Abend zum Thema Beichte so getriggert, dass ich heulend den Raum verlassen musste. Ich habe dann durchgesetzt, dass mein Kind nicht beichten muss, wenn es nicht will. Er wollte aber und hat bei dem Priester gebeichtet, der mir zur Anzeige gegen meinen Täterpriester geraten und mich darin begleitet hat. Vielleicht wird also am Ende aus dem Spagat doch noch ein Kreis, der sich nun schließt …*

Und genau so wird es sich am Ende dieses rundum schönen und versöhnlichen Festes dann auch anfühlen. So gehe ich weiter den Weg des Suchens und Findens, des Unterscheidens, des Experimentierens und manchmal auch des (Ver-)Zweifelns – gemeinsam mit meiner »gemischtkonfessionellen« Familie aus einem Atheisten, einer angehenden Theologin mit katholischem Knacks und drei offenen und neugierigen Kindern.

Eine portative Kirche

Ausgerechnet im Zuge des schmerzhaften Einschnittes des Corona-Lockdowns entdecken wir als Familie eine neue und doch alte, selbstbestimmte Form des Glaubenslebens jenseits der steinernen Mauern und jenseits der Amtskirche, die unser Leben sehr bereichert und die uns seitdem begleitet: die Agapefeier.

Zuerst freute ich mich, dass ich angesichts der digitalen Experimentierfreude unserer Gemeinde während des Lockdowns nicht völlig auf den sonntäglichen Gottesdienst verzichten musste, aber ich musste bald feststellen, dass mir bei sämtlichen digitalen Varianten doch das Haptische, das Sinnliche, das Gemeinschaftliche fehlte (von der noch einmal verstärkten Fokussierung auf die zelebrierenden männlichen Priester einmal ganz abgesehen).

Just in diesem Moment stieß ich bei der Lektüre des Buches *Die frühen Christen* des Althistorikers Hartmut Leppin auf Schilderungen der Versammlungen der urchristlichen Gemeinden, die ja, wie wir im Lockdown, keine steinernen Kirchen als Versammlungsorte besaßen, sondern sich in ihren Privathäusern trafen, um dort beim gemeinsamen Mahl Jesu zu gedenken. Leppin schreibt: »Gemäß ihrer Taufidee nahmen an den christlichen Mahlzeiten Männer und Frauen teil, keineswegs selbstverständlich in der Antike und wohl ein Anlass für den Vorwurf, Christen gäben sich Ausschweifungen hin«[28].

Kein Klerikalismus, keine Hierarchien, keine starren Regeln, kein konkretes und mit Gold und Marmor geschmücktes

Kirchengebäude und, *last but not least,* eine gemeinschaftliche Feier von Männern *und* Frauen, was in der damaligen, stark patriarchalischen Gesellschaft offensichtlich als Provokation aufgefasst wurde – so weit, so reizvoll. Zudem wurde ich bei Twitter auf eine interessante Broschüre hingewiesen, die an die alte Tradition dieser Agapefeiern erinnerte und eine Anleitung für zu Hause bot. Also beschloss ich, dies auch in unserer Familie in kindgerechter Form einmal auszuprobieren – mit großem Erfolg!

Seitdem ist unsere »Gottglaub-Party« – wie unsere damals vierjährige Tochter unsere Agapefeier getauft hat – nun eine feste Tradition in unserer Familie: Gegen Abend beginnen wir mit den Vorbereitungen, kneten gemeinsam den Brotteig, lassen ihn gehen, formen ihn zu einem Laib, verzieren ihn und schieben ihn in den Backofen. In der Zwischenzeit bereiten wir den Tisch vor (Kerzen, Kinderbibel, Gebetswürfel, Getränke) und hören dabei meistens Taizé-Musik.

Wenn das Brot fertiggebacken ist, legen wir es in die Mitte des Tisches, jedes Kind darf eine Kerze anzünden und wir lesen eine Bibelgeschichte vor. Danach teilen wir unser »Gedächtnis-Brot« und jeder überreicht dem Nachbarn oder der Nachbarin ein Stück, verbunden mit einem »Das wünsche ich dir für die nächste Woche« (Gesundheit, gute Laune usw.). Dann essen und trinken wir gemeinsam und beenden schließlich unsere Runde mit einem gewürfelten Abschlussgebet. Und obwohl auch dieser Lockdown irgendwann ein Ende hatte und es somit auch wieder öffentliche Gottesdienste gab, halten wir als Familie trotzdem auch weiterhin an unserer neu entdeckten und doch in alter Tradition stehenden Agapefeier fest.

So haben die coronabedingten Einschränkungen neben allem Negativen auch eine spannende und mir Hoffnung machende Vielfalt an neuen oder neuentdeckten Formen von Kirche und Glaubensleben hervorgebracht, die durchaus zukunftsweisend sind. Glaubensformen, die plural, inklusiv, selbstbestimmt, gleichberechtigt und von einer großen spirituellen Tiefe sind. Formen von Kirche, die überall dort ist, wo zwei oder drei in Jesu Namen versammelt sind – sei es bei einer Zoom-Andacht, bei einem Instagram-Bibelabend oder eben bei einer Familien-»Gottglaub-Party«.

In diesem Kontext muss ich häufig an das Judentum denken: Hier haben große Einschnitte, wie die Zerstörung des zweiten Tempels, zu einem grundlegenden Wandel des Glaubenslebens geführt – weg vom zentralen, steinernen Gebäude und hin zum familiären Bereich und zur Schrift, dem »portativen Vaterland«[29], wie Heinrich Heine sie in seinen *Geständnissen* bezeichnet. Deshalb wollte ich auch in diesem Buch von unserer Agapefeier erzählen, um so auch im Hinblick auf pandemiebefreitere Zeiten die Erinnerung an den portativen Charakter unserer Kirche wachzuhalten. Die Erinnerung daran, dass auch unsere Kirche nicht primär ein steinernes Gebäude, sondern vor allem ein lebendiges Wesen ist, das man überallhin mit sich tragen kann und das überall seine Botschaft und seine Wirkung entfalten kann. Die Erinnerung an vielfältige Glaubensformen, die auf unsere urchristlichen Wurzeln zurückgreifen, die Familien zusammenbringen und stärken und das Zuhause zu einem Ort des selbstbestimmten Glaubensleben machen. Die Erinnerung an Gottesdienste, die nicht hierarchisch strukturiert sind und in denen Frauen und Männer gleichberechtigt sind.

TOD ODER AUFERSTEHUNG?

»Wir stehen selbst enttäuscht und sehn betroffen / Den Vorhang zu und alle Fragen offen.« – An diese berühmten Zeilen von Bertolt Brecht musste ich in den letzten Monaten häufig denken – wobei bei mir nicht nur die alten Fragen offen, sondern auch noch viele neue und brennende Fragen hinzugekommen sind:

Wird es der Kirche jemals gelingen, ihre Selbstzentriertheit zu überwinden und die Menschen, vor allem die Betroffenen und Vulnerablen, besonders in ihre Mitte zu stellen? Werden die unzähligen Missbrauchsfälle jemals vollumfänglich aufgearbeitet werden? Wird den Opfern jemals wirkliche Gerechtigkeit widerfahren? Wird es gelingen, die missbrauchsbegünstigenden, verletzenden und diskriminierenden Strukturen endlich zu reformieren? Werde ich meinen Kirchen-Weg weitergehen können oder irgendwann aus Gewissensgründen eine andere Richtung einschlagen müssen? Wird die Amtskirche erst ein Einsehen haben, wenn es zu spät und die gesamte Ekklesia aus der Kirche ausgetreten ist?

Ich habe zum jetzigen Zeitpunkt keine Antwort darauf. Ich habe mit diesem Buch lediglich den Versuch unternommen, einen kleinen individuellen Einblick in meine persönlichen Erfahrungen mit dem katholischen Abgrund zu geben – um dafür zu sensibilisieren und aufzurütteln, um anderen Betroffenen zu zeigen, dass sie mit ihren Erfahrungen nicht allein sind und um aus meiner Geschichte konkrete Handlungsmaximen für die Kirche abzuleiten. Jetzt ist es Aufgabe der Kirchenverantwortlichen, aber auch aller Gläubigen, aus den Zeugnissen der Betroffenen und aus den inzwischen zahlreichen, aussagekräftigen und fast

immer gleichlautenden Untersuchungen zu lernen, radikal umzukehren und vor allem zu handeln!

Und während ich diese Schlusszeilen schreibe, muss ich an
etwas denken, das mir vor einigen Monaten während eines Got-
tesdienstes widerfahren ist:

Ich saß wie gewohnt in einem Abendgottesdienst in meiner
Heimatgemeinde. Trotz Corona-Vorschriften konzelebrierten
zwei Priester, die ich beide gut kenne. In dem Moment, als die
beiden geweihten Männer in ihren Priestergewändern vorne um
den steinernen Altar herum stehend die Wandlungsworte vor
sich hin sprachen, passierte etwas, das ich bis heute nicht ganz
erklären kann und das mir seitdem auch nicht mehr widerfahren ist: Ich hörte plötzlich eine Stimme in mir, die sagte: »Das
sind die letzten Wehen einer sterbenden Kirche.« Dieser Satz war
plötzlich in meinem Kopf, wie ein Fremdkörper, den jemand
dort hinterlegt hat – und doch war er klar und deutlich.

Zu Beginn fand ich diese Erfahrung fast beängstigend. Zudem irritierte mich dieser scheinbare Widerspruch: Müsste es
nicht vielmehr »die letzten Zuckungen« heißen? »Die letzten Wehen einer sterbenden Kirche« ergaben doch eigentlich gar keinen
Sinn. Aber dieser Satz war nun einmal da, und zwar in genau
diesem Wortlaut. Je länger ich darüber nachdachte, desto klarer
wurde mir, dass er vielleicht gar nicht so paradox war, wie er auf
den ersten Blick erscheinen mochte. Denn Tod und Geburt können ja durchaus zusammenfallen, man denke nur an den Phoenix
aus der Asche, dessen alte Hülle vergehen muss, damit daraus etwas Neues geboren werden kann. Oder man denke – um bei der
christlichen Symbolik zu bleiben – an Jesu Tod am Kreuz, sein
Begrabenwerden und den dadurch erst möglich werdenden, ultimativen Wendepunkt, seine Verwandlung, seine Auferstehung.

Vielleicht war es auch kein Zufall, dass diese Stimme genau
in dem Moment auftauchte, als die beiden männlichen Priester
weit entfernt und durch die Konzelebration abgewandt von uns

Gemeindemitgliedern am steinernen Altar stehend die Wandlungsworte sprachen – denn ist es nicht gerade diese klerikalistische, männerdominierte, menschenferne und »versteinerte« Kirche, die so nicht fortbestehen darf, sondern die stattdessen sterben und unter Wehen neu geboren werden muss? Ja, es ist an der Zeit, dass das lebensfeindliche Gestein und die starren Verkrustungen weggeschlagen werden, um so den goldenen Kern der Botschaft wieder freizulegen und »auferstehen« zu lassen. Geschieht dies nicht, dann werden das schwere Geröll und die dunklen Schlacken diesen Kern eines Tages völlig überlagern und schließlich auslöschen und diejenigen, die sich diesem Wandlungsprozess bewusst verweigern, werden zu den Totengräbern des Evangeliums.

Stirb und werde

Was aber könnte im Zuge dieses Prozesses die Aufgabe von uns Menschen sein, denen noch etwas an diesem Kern liegt und die trotz allem in der Kirche bleiben, aber etwas grundlegend verändern wollen? Vielleicht haben wir Katholikinnen und Katholiken zwei Aufgaben zugleich: die Sterbebegleitung und die Geburtshilfe. In der Sterbebegleitung sollten wir zuerst die kirchlichen Strukturen und Denkmuster eingehend und kritisch betrachten, die katholischen Abgründe umfassend ausleuchten und dann die verletzenden, ungerechten, menschenfeindlichen, missbrauchsbegünstigenden und evangeliumsfeindlichen Seiten der katholischen Kirche vom Kern abtrennen und zum Absterben bringen. Dann gilt es, in der Geburtshilfe aktiv zu werden und aus diesem Sterbeprozess heraus eine gewandelte, neue Kirche hervorgehen zu lassen – eine Kirche, die geschlechtergerechter, menschenfreundlicher, sicherer, evangeliumsgemäßer und zukunftsfähiger ist.

Dabei ist es jedoch wichtig, dass wir nicht angstvoll zurück- und auf den Aspekt des Sterbens blicken, sondern mutig, offen und hoffnungsvoll dem entgegensehen, was da neu geboren wird. Denn auch für die katholische Kirche gilt das Goethe'sche Diktum:

Und so lang du das nicht hast,
Dieses: Stirb und Werde!
Bist du nur ein trüber Gast
Auf der dunklen Erde.

Ich bin in die Kirche zurückgekehrt und habe – in der Hoffnung, dass sich in eben jener Kirche etwas ändern möge – mein Schweigen gebrochen. Sollte sich diese Kirche in absehbarer Zeit als veränderungswillig und veränderbar erweisen, dann werde ich bleiben. Wenn nicht, dann werde ich vermutlich eines Tages der Kirche wieder den Rücken zukehren und einen anderen Weg einschlagen. Aber ich werde nie wieder schweigen.

MEIN THESENANSCHLAG

Für eine bessere und zukunftsfähigere Kirche brauchen wir:

- eine lückenlose, zügige und unabhängige Aufarbeitung der Missbrauchsfälle sowie Gerechtigkeit für die Betroffenen
- die Einrichtung einer unabhängigen Wahrheitskommission
- eine Abänderung des Kirchenrechts *Codex Iuris Canonici (CIC)*. Missbrauch muss als Verstoß gegen das sexuelle Selbstbestimmungsrecht gewertet werden!
- einen Nebenklägerstatus statt Zeugenstatus für Betroffene
- Erzählräume und Safe Spaces für Betroffene als Orte der Selbstermächtigung, Vernetzung, Hilfe, Aufarbeitung
- kompetente diözesane Anlaufstellen für geistlichen Missbrauch sowie für erwachsene Betroffene von sexuellem Missbrauch
- Ausbau der bereits existierenden Beratungsstellen
- ein den lebenslangen Folgen und der Mitschuld der Institution angemessenes und retraumatisierungsarmes Entschädigungssystem
- Opferschutz vor Institutionsschutz
- und immer wieder: Betrachtung der MHG-Studie als Imperativ für die Notwendigkeit von Veränderungen in der Kirche (besonders beim Synodalen Weg)
- eine Enthierarchisierung, Kontrolle und Demokratisierung der kirchlichen Machtstrukturen

- einen entschiedenen Kampf gegen Klerikalismus und Co-Klerikalismus
- eine Reform der katholischen Sexualmoral
- Geschlechtergerechtigkeit
- Autonomie und freie Gewissensentscheidung statt Gehorsam
- Wertschätzung und Förderung der sexuellen und spirituellen Selbstbestimmung
- mehr pastoralen Ungehorsam, Selbstermächtigung und Grassroots-Bewegungen unter den Gläubigen

Macht neu, was euch kaputt macht!

DANK

Mein besonderer Dank gilt:

- Simon Biallowons, der dieses Buch in mir erahnt hat.
- Meiner Lektorin Johanna Oehler, die mir so wunderbar geholfen hat, das Buch »auf die Welt zu bringen«.
- Stephan Langer, der mir schon früh Raum für meine Ideen gegeben hat.
- Meinem Mann, dass er während des gesamten Schreibprozesses mein Fels in der Brandung war, mir Halt gegeben, mich ermutigt (und auch ertragen) und mich manchmal vor mir selbst geschützt hat. DANKE!
- Meinen Kindern, die mich während des Schreibens immer wieder bestärkt und motiviert haben (»Ich finde es toll, dass du dieses Buch schreibst, Mama!«).
- Meinen Geschwistern für den Trost, die Unterstützung, die Solidarität, die vielen aussagekräftigen Dokumente und die konstruktiv-kritische Lektüre.
- Meinen Schwiegereltern für die Kinderbetreuung und das hilfreiche Lektorat.
- Den vielen Betroffenen, deren mutige Zeugnisse mir aus der Isolation geholfen, mich bestärkt und selbst sprachfähig gemacht haben.
- Christian Hermes für die immerwährende Unterstützung und Freundschaft.
- Martin M. Lintner und Thomas Schüller für den spannenden Austausch und die fachliche Expertise.
- Meinem Lieblingscafe, in dem ich stundenlang sitzen und schreiben konnte (ohne jemals Miete bezahlen zu müssen ;-)).

Und ich möchte mich bei zwei Personengruppen entschuldigen:

- Bei den Menschen, bei denen ich mich während des (mich manchmal sehr absorbierenden) Buchentstehungsprozesses nicht mehr gemeldet habe, sowie bei den Menschen hinter meinen ehrenamtlichen Tätigkeiten, die ich in den letzten Monaten sträflich vernachlässigt habe.
- Bei allen Menschen, die den Namen Dietmar tragen. Bitte verzeihen Sie mir, dass ich mich für diesen – Ihren – Namen als Pseudonym entschieden habe!

MITSCHRIFT DES REFERATS »DIE REINHEIT UND KEUSCHHEIT«

3. Referat

bei P.

Die Reinheit und Keuschheit

Reinheit und Keuscheit bestehen darin, dass die Rechte sittliche Ordnung auf dem Gebiet des sexuellen Verhaltens eingehalten wird.

Die Tugend der Keuschheit zielt darauf ab, den Menschen zu befähigen, dass er diese Ordnung bereitwillig, beständig und in immer größerer Freiheit verwirklicht.

Die Tugend der Keuschheit ist eine harte und eine schwierige Tugend. Sie ist zart weil sie durch die kleinsten Fehler getrübt wird.

Sie ist schwierig, weil sie
fortwährendes und dauerndes
großmütiges Kämpfen verlangt.
Diese Tugend ist ein Schatz
in irdenen Gefäßen.
Diese Tugend kann nur bewahrt
werden, wenn wir uns zugleich
um andere Tugenden bemühen.

    1. Demut
    2. Abtötung
    3. Standespflichten
    4. Liebe zu Gott

<u>zu 1</u> : Mißtrauen gegen sich selbst
       verbunden mit einem großen
       Vertrauen auf Gott
       (viele Fälle aus Stolz
       und Hochmut)
       Wachsamkeit und Vertrauen
       auf Gott muß zunehmen.

Neben der Wachsamkeit braucht
Klugheit.

Flucht vor gefährlichen Gelegenheiten (Laura Vicunia)

Offenheit gegenüber dem Beichtvater

742 : Das gilt schleicht sich
durch die kleinsten Öffnungen
in unsre Seele ein.

Daher ist die Abtötung der
Sinne notwendig (Augen:
was lese ich, was schaue
ich mir an?

Ohren : was höre ich mir
an? (Witze ...)

Mund : über was spreche ich?)

TEXTNACHWEISE

Wir danken den folgenden Rechteinhabern für ihre freundliche Abdruckgenehmigung:

S. 86 f., 157: Carola Moosbach, Ins leuchtende Du. Aufstandsgebete und Gottespoesie, EB-Verlag, Berlin 2021, S. 23.

S. 90: Rose Ausländer, Verschmerzen. Aus: dies., Wieder ein Tag aus Glut und Wind. Gedichte 1980–1982. © S. Fischer Verlag GmbH, Frankfurt am Main 1986.

S. 125 f.: Madeleine Delbrêl, Deine Augen in unseren Augen. Ein Lesebuch. © Verlag Neue Stadt GmbH, München 2022, S. 119.

ANMERKUNGEN

Teil 1: Blick zurück

1   Andreas Hönisch: Startet jetzt eine Aktion zur Rettung der unsterblichen Seelen, in: Pfadfinder Mariens, Nr. 27, 2. Quartal 1989, S. 174–177.

2   Vgl. hierzu auch die Recherche von Jens Steffek: Selig, die reinen Herzens sind. Die Machenschaften der Katholischen Pfadfinderschaft Europas, SZ, 1. Juli 1995, S. 9.

3   So z. B. Bischof Kurt Krenn, Engelwerk-Mitglied und Bischof von St. Pölten (1991–2014), Kardinal Meisner oder zuletzt auch Bischof Stefan Oster, der als Jugendbischof die KPE-Bundeswallfahrt in Altötting besuchte, vgl. Pressemitteilung. Deutsche Bischofskonferenz anerkennt KPE, URL: https://www.kpe.de/pressemitteilung-deutsche-bischofskonferenz-anerkennt-kpe/ [Stand 01.02.2022]

4   Grundsatzprogramm der Katholischen Pfadfinderschaft Europas, beschlossen am 11.02.1976, [Stand: 07.05.2017], URL: https://www.kpe.de/wp-content/uploads/2019/12/KPE-Grundsatzprogramm.pdf

5   Als Grund hierfür nannte eine in den 1990er Jahren kursierende Handreichung mit dem Titel »Selig, die reinen Herzens sind« die drohende »Einebnung gottgegebener seelisch-geistiger Unterschiede zwischen den Geschlechtern«, zit. n. Steffek: Selig, die reinen Herzens sind, S. 9.

6   vgl. Steffek: Selig, die reinen Herzens sind, S. 9

7   Dieses Schwarz-Weiß-Denken war auch einer der Hauptvorwürfe einer Gruppe von bayerischen Pfadfindern, die Mitte der 1980er Jahre die KPE verließen. In einem Brief an die Bundeskuraten der KPE und Andreas Hönisch aus dem Februar 1983 mahnten sie: »Der bisher entstandene Eindruck der Schwarz-Weiß-Malerei, überall den Teufel am Werk zu sehen, wo nicht die Linie der KPE vertreten wird, ist eindeutig zu vermeiden. (...) In Überwindung

dieses Schwarz-Weiß-Denkens ist die Gefolgschaft der KP auf Dialogfähigkeit und Dialogbereitschaft mit anderen Gruppierungen in der Kirche zu öffnen.«, zit. n. Europapfadfinder Sankt Michael: Jubiläumsschrift zum 20jährigen Bestehen des Bundes, 2006, S. 8.

8 Ebd.

9 Ebd.

10 Zit. n. https://www.kpe.de/katholisch/, abgerufen am 26.01.2022.

11 Zit. n. ebd..

12 Paul Hüster, damaliger Leiter der Arbeitsstelle für Jugendseelsorge der DBK, zit. n. Art.»Streik gegen den Erzbischof«, FOCUS Magazin 18 (2000), URL: https://www.focus.de/politik/deutschland/streik-gegen-den-erzbischof-kirche_id_1940037.html.

13 Vgl. Art. »MONITOR: Deutsche Bischofskonferenz distanziert sich von katholischem Jugendverband - Gegenkurs zu Bischof Krenn und Kardinal Ratzinger«, 22.07.2004,URL: https://www.presseportal.de/pm/7899/578870

14 Zit. n. ebd.

15 Barbara Hans, Christian Wiesel: Kirche der Extreme, SPIEGEL ONLINE 05.02.2009, https://www.spiegel.de/panorama/gesellschaft/christlicher-fundamentalismus-kirche-der-extreme-a-605504.html

16 Barbara Hans: Die haben unsere Tochter kaputtgemacht. Katholische Sekte Engelwerk, SPIEGEL ONLINE 14.10.2010, URL: https://www.spiegel.de/panorama/gesellschaft/katholische-sekte-engelwerk-die-haben-unsere-tochter-kaputtgemacht-a-722591.html

17 Wolfgang Benz: Vom Vorurteil zur Gewalt. Politische und soziale Feindbilder in Geschichte und Gegenwart, Freiburg i.Br. 2020, S. 359.

18 Heribert Schmitz: Art. Engelwerk, in: Lexikon für Theologie und Kirche, Herder, Freiburg im Breisgau 1993, 2006, Sonderausgabe 2009, Bd. 3, Sp. 660 f.

19 Siehe auch: https://de.wikipedia.org/wiki/Engelwerk, [Stand: 17.1.2022].

20 Vgl. Heiner Boberski: Das Engelwerk. Theorie und Praxis des Opus Angelorum, Salzburg 1993, S. 232.

21 Ebd. S. 231.

22 Vgl. Boberski: Das Engelwerk, S. 233.

23 So veröffentlichte z.b. noch 2003 Thomas Niggl, Abt des Klosters Weltenberg, der sich im Engelwerk engagierte, einen Artikel: Thomas Niggl: Deutschlands Zukunft. In: Pfadfinder Mariens, 2. Quartal 2003, S. 3f.

24 Vgl. hierzu z.b. die Tagesordnung einer KPE-Veranstaltung vom 15.2.87, auf dem für 10 Uhr zwischen Gemeindemesse und Mittagessen als Programmpunkt ein Bericht »über Engelwerk/ Kreuzorden« angekündigt wird (unveröffentlichtes Material, in Privatbesitz).

25 Dies kritisierten auch die oben genannten bayerischen Pfadfinder: »Sündenbewußtsein ist nötig; es darf aber nicht zur Höllenangst führen, die Gott mehr als strafenden Richter denn als Vater erscheinen läßt.«, Schreiben der Stämme Wiesentheid und Kitzingen an die KPE, Februar 1983, zit. n. Europapfadfinder Sankt Michael: Jubiläumsschrift zum 20jährigen Bestehen des Bundes, S. 8.

26 Bundesordnung der Katholischen Pfadfinderschaft Europas, 24.09.2009, URL: https://www.kpe.de/wp-content/ uploads/2017/05/2015-03-30.kpe-bundesordnung.pdf

27 Die Spur, Nr. 78, September 1994, S. 19.

28 Bundesordnung der Katholischen Pfadfinderschaft Europas, 24.09.2009, URL: https://www.kpe.de/wp-content/ uploads/2017/05/2015-03-30.kpe-bundesordnung.pdf

29 Ebd.

Teil 2: Blick in die Gegenwart

1 Marc Pitzke: Missbrauch war weit verbreitet, in: SPIEGEL ONLINE, 15.08.2018, URL: https://www.spiegel.de/panorama/ gesellschaft/katholische-kirche-in-pennsylvania-der-missbrauch-war-masslos-und-weitverbreitet-a-1223212.html

2 Zuerst veröffentlicht unter dem Pseudonym »Magdalena Fischer«, Pater XX, in: Matthias Reményi, Thomas Schärtl (Hg.), Nicht ausweichen. Theologie angesichts der Missbrauchskrise, Regensburg 2019, S. 19-31.

3   Ann Cahill: The Shimmering Moment of Disclosure. Vulnerability and Sharing Experiences of Sexual Violence, URL: https://www.his-online.de/nc/veranstaltungen/veranstaltung-einzelansicht/news/the-shimmering-moment-of-disclosure-vulnerability-and-sharing-experiences-of-sexual-violence/ [Stand: 4.1.2022].

4   Doris Reisinger: Spiritueller Missbrauch in der katholischen Kirche, Freiburg i. Br. 2019, S. 79.

5   Bistum Osnabrück: Arbeitsgrundlagen, URL: https://bistum-osnabrueck.de/wp-content/uploads/2017/01/03-Definition-gM-und-Checkliste-fuer-das-Bistum-Osnabrueck.pdf [Stand 4.1.2022].

6   Ebd.

7   Doris Reisinger: Spiritueller Missbrauch, S. 76.

8   Ebd., S. 77.

9   Barbara Haslbeck: Eine Art Gehirnwäsche (11.11.2021), URL: https://www.domradio.de/themen/sexualisierte-gewalt/2021-11-11/eine-art-gehirnwaesche-expertin-erlaeutert-den-begriff-geistlicher-missbrauch [Stand: 4.4.2022].

10 Ebd.

11 Sexueller Missbrauch an Minderjährigen durch katholische Priester, Diakone und männliche Ordensangehörige im Bereich der Deutschen Bischofskonferenz, Projektbericht Mannheim, Heidelberg, Gießen (MHG), Zusammenfassung [Version 13.8.2018], URL: https://www.dbk.de/fileadmin/redaktion/diverse_downloads/dossiers_2018/MHG-Studie-Endbericht-Zusammenfassung.pdf, [Stand: 4.1.2022], S. 27.

12 »Madame Survivante«: Brief einer Leserin an die deutschen Bischöfe (2.3.2019), URL: https://www.feinschwarz.net/brief-einer-leserin-an-die-deutschen-bischoefe/ [Stand: 4.1.2022].

13 Ebd.

14 Ebd.

15 Matthias Reményi, Thomas Schärtl (Hg.): Nicht ausweichen.

16 Siehe auch: Hildegund Keul, Thomas Müller (Hg.): Verwundbar. Theologische und humanwissenschaftliche Perspektiven zur menschlichen Vulnerabilität, Würzburg 2020.

17 »Madame Survivante«: Verletzliche Kirche – Offener Brief an die
Bischöfe (9.4.2020), URL: https://www.feinschwarz.net/verletzliche-
kirche-offener-brief-an-die-bischoefe/ [Stand: 4.1.2022].

18 Sexual Violence in the Catholic Church France 1950 – 2020.
Summary of the Final Report. Independent Commission on Sexual
Abuse in the Catholic Church (CIASE), URL: https://www.ciase.
fr/wordpress/wp-content/uploads/CIASE-Summary-of-the-Final-
Report-5-october-2021.pdf [Stand: 4.1.2022], (»*The victim has
no place in this law. Canon law, even its criminal aspect, is totally ill-
adapted to the repression of sexual violence, which, incidentally, it never
refers to by name. The Commission reached the conclusion that canon
law is entirely inadequate with regard to fair trial standards and human
rights in a matter as sensitive as the sexual abuse of children.*«), S. 11.

19 Ebd., S. 15 (»*This should begin with a clear definition of the offences
in the Code of Canon Law and their implementing legislation,
specifying applicable reference standards by establishing a scale of the
gravity of offences and by distributing a collection of case law in the
matter. Secondly, canonical criminal procedure needs to be reworked
and aligned with basic fair trial rules, thereby giving victims a place in
canonical procedure – which is not the case today.*«).

20 Ebd., 27 (»*Substitute, in the description of sexual violence committed
against children and vulnerable persons in criminal canon law, a
reference to the sixth commandment (›Thou shalt not commit adultery‹)
with a reference to the fifth commandment (›Thou shalt not kill‹).*«).

21 Von diesem toxischen Merksatz berichten auch Betroffene aus
dem Engelwerk: »Kinder, die den Pfarrer nicht ansehen können,
sind demnach ebenso von Dämonen besessen wie junge Frauen,
die eine Fehlgeburt haben oder auch schwarze Katzen.«, Barbara
Hans: »Die haben unsere Tochter kaputtgemacht«, SPIEGEL
ONLINE 14.10.2010, URL: https://www.spiegel.de/panorama/
gesellschaft/katholische-sekte-engelwerk-die-haben-unsere-tochter-
kaputtgemacht-a-722591.html

22 Carola Moosbach: Ins leuchtende Du. Aufstandsgebete und
Gottespoesie, hg. v. Bärbel Fünfsinn u. Aurica Jax, Berlin 2021, S. 3.

23 Barbara Haslbeck, Regina Heyder, Ute Leimgruber, Dorothee
Sandherr-Klemp (Hg.): Erzählen als Widerstand, Münster 2020.

24 Rose Ausländer, Verschmerzen. Aus: dies., Wieder ein Tag aus Glut und Wind. Gedichte 1980–1982. © S. Fischer Verlag GmbH, Frankfurt am Main 1986.

25 Gemeinsame Erklärung über verbindliche Kriterien und Standards für eine unabhängige Aufarbeitung von sexuellem Missbrauch in der katholischen Kirche in Deutschland des Unabhängigen Beauftragten für Fragen des sexuellen Kindesmissbrauchs und der Deutschen Bischofskonferenz, 28. April 2020, https://www.dbk.de/fileadmin/redaktion/diverse_downloads/presse_2020/2020-074a-Gemeinsame-Erklaerung-UBSKM-Dt.-Bischofskonferenz.pdf

26 Dana Hajek: Auf die lange Bank geschoben FAZ, 28.11.2021, URL: https://www.faz.net/multimedia/missbrauch-in-der-katholischen-kirche-auf-der-langen-bank-17642313.html [Stand 4.1.2022].

27 MHG-Studie, Zusammenfassung [Version 13.8.2018], S. 6.

28 Ebd., 6.

29 Ebd., S. 3.

30 Johanna Beck: Was bedeutet die Entscheidung des Papstes, Woelki im Amt zu belassen…?, DIE ZEIT, 4.11.2021, URL: https://www.zeit.de/2021/40/katholische-kirche-papst-rainer-maria-woelki-erzbischof-amt-auszeit-auswirkungen-erzbistum-koeln [Stand: 19.1.2022].

31 https://bistum-augsburg.de/Nachrichten/Pfadfinderbund-verlegt-Sitz-ins-Bistum_id_0 (Stand: 30.1.2022).

32 https://twitter.com/dbk_online/status/1487057147288596480 (Stand: 30.1.2022)

33 https://www.bdkj.de/aktuelles/artikel/stellungnahme-zur-bundesweiten-anerkennung-der-katholischen-pfadfinderschaft-europas, vgl. Auch Art. »Jugendverbände kritisieren DBK-Anerkennung der KPE«, Neues Ruhrwort 31.01.2022, https://neuesruhrwort.de/2022/01/31/jugendverbaende-kritisieren-dbk-anerkennung-der-kpe/ (Stand: 01.02.2022)

34 Art. »Jugendbischof selbstkritisch nach kirchlicher KPE-Anerkennung«, katholisch.de, 4.2., URL: https://www.katholisch.de/artikel/33019-jugendbischof-selbstkritisch-nach-kirchlicher-kpe-anerkennung, [Stand: 5.2.2022].

35 Art. »Neher: Anerkennung von KPE ‚unerträglich'«, Neues Ruhrwort, 4.2.2022, https://neuesruhrwort.de/2022/02/04/neher-anerkennung-von-kpe-unertraeglich/ [Stand: 5.2.2022]

36 https://www.youtube.com/watch?v=G9kuoTiR7n0 [Stand: 5.2.2022].

37 https://www.katholisch.de/artikel/33019-jugendbischof-selbstkritisch-nach-kirchlicher-kpe-anerkennung [Stand: 5.2.2022]

Teil 3: Blick nach vorn

1 Max Seckler: Die schiefen Wände des Lehrhauses. Katholizität als Herausforderung, Freiburg i. Br. 1988, S. 90.

2 Ebd., S. 96.

3 Rainer Bucher: Transformationen der Pastoralmacht, in: Valentin Dessoy, Ursula Hahmann, Gundo Lames (Hg.): Macht und Kirche, Würzburg 2021, S. 89.

4 Benedikt XVI.: Schreiben von Papst Benedikt XVI. zum Beginn des Priesterjahres anlässlich des 150. Jahrestages des »dies natalis« von Johannes Maria Vianney (16.6.09), URL: https://www.vatican.va/content/benedict-xvi/de/letters/2009/documents/hf_ben-xvi_let_20090616_anno-sacerdotale.html [Stand: 4.1.2022].

5 MHG-Studie, Zusammenfassung, S. 10.

6 Ebd.

7 Ebd., S. 11.

8 Ebd., S. 14.

9 Johann Pock: Prävention als Ziel der Priester-Aus- und Weiterbildung. Der Beitrag der Theologie, in: Gunter Prüller-Jagenteufel, Wolfgang Treitler (Hg.): Verbrechen und Verantwortung. Sexueller Missbrauch von Minderjährigen in kirchlichen Einrichtungen, Freiburg i. Br. 2021, 162–189, S. 179.

10 Ebd., S. 181.

11 Über die Rolle von charismatischen Führungspersönlichkeiten schreibt auch Doris Wagner ausführlich: Doris Wagner: Spiritueller Missbrauch, S. 102–105.

12 CIASE-Studie, Zusammenfassung.

13 Bundesführung der Katholischen Pfadfinderschaft Europas: KPE Zeremoniell, Herbstein/Rixfeld 1981.

14 Ebd.

15 Rainer Bucher: Gehorsam, Freiheit und Gewissen in der katholischen Kirche: »Gott ist die Freiheit lieber als der Gehorsam« (Ottmar Fuchs), in: Anzeiger für die Seelsorge 2/2015, S. 16–19.

16 Madeleine Delbrêl: Deine Augen in unseren Augen. Ein Lesebuch. © Verlag Neue Stadt GmbH, München 2022, S. 119.

17 Godehard Brüntrup SJ: Zehn Jahre Missbrauchskrise (18.12.19), URL: https://www.jesuiten.org/news/zehn-jahre-missbrauchskrise [Stand: 4.1.2022].

18 MHG Studie, Zusammenfassung, S. 12.

19 Ebd., S. 9.

20 Codex Iuris Canonici, Buch VI: Strafbestimmungen in der Kirche, URL: https://www.vatican.va/archive/cod-iuris-canonici/deu/documents/cic_libro6_ge.pdf [Stand: 4.1.2022].

21 Georg Bier: Mangelnde Sensibilität, Herder Korrespondenz 1/2022.

22 MHG-Studie, Zusammenfassung, S. 13.

23 Ebd.

24 Ansgar Wucherpfennig SJ: Homosexualität und Pädosexualität: Eine Unterscheidung, in: Gunter Prüller-Jagenteufel u.a.: Verbrechen und Verantwortung, Freiburg i. Br. 2021, S. 45–69, 68.

25 Ebd., S. 69.

26 Philippa Rath: Klerikale Männerkirche ist »amputierte« Kirche (30.1.21), URL: https://www.katholisch.de/artikel/28539-philippa-rath-klerikale-maennerkirche-ist-amputierte-kirche [Stand: 4.1.2022].

27 Moosbach: Ins leuchtende Du, S. 49.

28 Hartmut Leppin: Die frühen Christen. Von den Anfängen bis Konstantin, München 2018, 44.

29 Heinrich Heine: Geständnisse. Geschrieben im Winter 1854, Paris 1854.

LITERATUR

Sexual Violence in the Catholic Church, France 1950 – 2020. Summary of the Final Report Independent Commission on Sexual Abuse in the Catholic Church (CIASE), 2021, URL: https://www.ciase.fr/wordpress/wp-content/uploads/CIASE-Summary-of-the-Final-Report-5-october-2021.pdf [Stand: 4.1.2022].

Sexueller Missbrauch an Minderjährigen durch katholische Priester, Diakone und männliche Ordensangehörige im Bereich der Deutschen Bischofskonferenz (MHG-Studie), Mannheim, Heidelberg, Gießen 2018, Zusammenfassung, URL: https://www.dbk.de/fileadmin/redaktion/diverse_downloads/dossiers_2018/MHG-Studie-Endbericht-Zusammenfassung.pdf [Stand: 4.1.2022].

Bernhard Anuth, Georg Bier, Karsten Kreuzer (Hg.): Der Synodale Weg. Eine Zwischenbilanz, Freiburg im Breisgau 2021.

Heiner Boberski: Das Engelwerk. Theorie und Praxis des Opus Angelorum, Salzburg 1993.

Luisa Bove: Guilia und der Wolf. Die Geschichte eines sexuellen Missbrauchs in der Kirche, Innsbruck 2020.

Christof Breitsameter, Stephan Goertz: Vom Vorrang der Liebe. Zeitenwende für die katholische Sexualmoral, Freiburg im Breisgau 2020.

Rainer Bucher: Transformationen der Pastoralmacht, in: Valentin Dessoy, Ursula Hahmann, Gundo Lames (Hg.): Macht und Kirche, Würzburg 2021.

Ders.: Gehorsam, Freiheit und Gewissen in der katholischen Kirche: »Gott ist die Freiheit lieber als der Gehorsam« (Ottmar Fuchs), in: Anzeiger für die Seelsorge 2/2015, S. 16–19.

Christine Büchner, Nathalie Giele (Hg.): Theologie von Frauen im Horizont des Genderdiskurses, Ostfildern 2020.

Valentin Dessoy, Ursula Hahmann, Gundo Lames (Hg.): Macht und Kirche, Würzburg 2021.

Georg Essen: Das kirchliche Amt zwischen Sakralisierung und Auratisierung. Dogmatische Überlegungen zu unheilvollen Verquickungen, in: Magnus Striet, Rita Werden (Hg.), Unheilige Theologie! Analysen angesichts sexueller Gewalt gegen Minderjährige durch Priester, Freiburg i. Br. 2019, S. 78–105.

Christiane Florin: Trotzdem! Wie ich versuche, katholisch zu bleiben, München 2020.

Katharina Ganz: Frauen stören. Und ohne sie hat die Kirche keine Zukunft, Würzburg 2021.

Julia Gebrande, Claudia Bowe-Träger (Hg.): Machtmissbrauch in der katholischen Kirche. Aufarbeitung und Prävention sexualisierter Gewalt, Hildesheim 2019.

Stephan Goertz: Sexueller Missbrauch und katholische Sexualmoral. Mutmaßliche Zusammenhänge, in: Magnus Striet, Rita Werden (Hg.), Unheilige Theologie! Analysen angesichts sexueller Gewalt gegen Minderjährige durch Priester, Freiburg i. Br. 2019, S. 106–139.

Barbara Haslbeck, Regina Heyder, Ute Leimgruber, Dorothee Sandherr-Klemp (Hg.): Erzählen als Widerstand. Berichte über spirituellen und sexuellen Missbrauch an erwachsenen Frauen in der katholischen Kirche, Münster 2020.

Burkhard Hose: Warum wir aufhören sollten, die Kirche zu retten. Für eine neue Vision von Christsein, Münsterschwarzach 2019.

Katharina Karl, Harald Weber (Hg.): Missbrauch und Beichte. Erfahrungen und Perspektiven aus Praxis und Wissenschaft, Würzburg 2021.

Hildegund Keul, Thomas Müller (Hg.): Verwundbar. Theologische und humanwissenschaftliche Perspektiven zur menschlichen Vulnerabilität, Würzburg 2020.

Hartmut Leppin: Die frühen Christen. Von den Anfängen bis Konstantin, München 2018.

Martin M. Lintner: Den Eros entgiften. Plädoyer für eine tragfähige Sexualmoral und Beziehungsethik, Brixen 2012.

Klaus Mertes: Den Kreislauf des Scheiterns durchbrechen. Damit die Aufarbeitung des Missbrauchs am Ende nicht wieder am Anfang steht, Ostfildern 2021.

Carola Moosbach: Ins leuchtende Du. Aufstandsgebete und Gottespoesie, hg. v. Bärbel Fünfsinn und Aurica Jax, Berlin 2021.

Johann Pock: Prävention als Ziel der Priester-Aus- und Weiterbildung. Der Beitrag der Theologie, in: Gunter Prüller-Jagenteufel, Wolfgang Treitler (Hg.): Verbrechen und Verantwortung. Sexueller Missbrauch von Minderjährigen in kirchlichen Einrichtungen, Freiburg i. Br. 2021, S. 162–189.

Gunter Prüller-Jagenteufel, Wolfgang Treitler (Hg.): Verbrechen und Verantwortung. Sexueller Missbrauch von Minderjährigen in kirchlichen Einrichtungen, Katholizismus im Umbruch 13, Freiburg i. Br. 2021.

Philippa Rath (Hg.): Weil Gott es so will. Frauen erzählen von ihrer Berufung zur Diakonin und Priesterin, Freiburg i. Br. 2021.

Doris Reisinger (Hg.): Gefährliche Theologien. Wenn theologische Ansätze Machtmissbrauch legitimieren. Regensburg 2021.

Doris Reisinger: Spiritueller Missbrauch in der katholischen Kirche, Freiburg i. Br. 2019.

Dies., Christoph Röhl: Nur die Wahrheit rettet. Der Missbrauch in der katholischen Kirche und das System Ratzinger, München 2021.

Matthias Reményi, Thomas Schärtl (Hg.): Nicht ausweichen. Theologie angesichts der Missbrauchskrise, Regensburg 2019.

Hans-Joachim Sander: Anders glauben, nicht trotzdem. Sexueller Missbrauch der katholischen Kirche und die theologischen Folgen, Ostfildern 2021.

Max Seckler: Die schiefen Wände des Lehrhauses. Katholizität als Herausforderung, Freiburg i. Br. 1988.

Michael Seewald: Reform – Dieselbe Kirche anders denken, Freiburg i. Br. 2019.

Jens Steffek: Selig, die reinen Herzens sind. Die Machenschaften der Katholischen Pfadfinderschaft Europas, In: SZ, 1. Juli 1995, S. 9.

Magnus Striet, Rita Werden (Hg.): Unheilige Theologie! Analysen angesichts sexueller Gewalt gegen Minderjährige durch Priester. Freiburg i. Br. 2019.

Doris Wagner: Nicht mehr ich. Die wahre Geschichte einer jungen Ordensfrau, München 2014.

Rita Werden: Systemische Vertuschung. Zur Rede von Scham in den Stellungnahmen von Bischöfen im Kontext der Veröffentlichung der MHG-Studie, in: Magnus Striet, Rita Werden (Hg.), Unheilige Theologie! Analysen angesichts sexueller Gewalt gegen Minderjährige durch Priester, Freiburg i. Br. 2019, S. 41–77.

Ansgar Wucherpfennig SJ: Homosexualität und Pädosexualität: Eine Unterscheidung, in: Gunter Prüller-Jagenteufel, Wolfgang Treitler (Hg.): Verbrechen und Verantwortung. Sexueller Missbrauch von Minderjährigen in kirchlichen Einrichtungen, Katholizismus im Umbruch 13, Freiburg i. Br. 2021, S. 45–69.